Betriebliches Eingliederungsmanagement

Einleitung

Angesichts des demographischen Wandels sowie der zunehmenden psychischen Belastung am Arbeitsplatz gewinnt das mit der Vorschrift des § 167 Abs. 2 SGB IX seit dem 1.5.2004 durch den Gesetzgeber eingeführte betriebliche Eingliederungsmanagement zunehmend an Bedeutung. In den ersten Jahren seit Inkrafttreten des betrieblichen Eingliederungsmanagements fristete das sogenannte betriebliche Eingliederungsmanagement (kurz: BEM) eher ein Schattendasein. Durch die Rechtsprechung des Bundesarbeitsgerichts ab 2007 wurde jedoch die Vorschrift des § 167 Abs. 2 SGB IX (früher: § 84 Abs. 2 SGB IX aF) weitergehend konkretisiert und gewann damit in der betrieblichen Praxis immer mehr an Bedeutung.

Gerade für den Betriebsrat entstanden in der betrieblichen Praxis neue Aufgabengebiete. Neben der Begleitung eines Arbeitnehmers im Rahmen eines BEM wurde um die Frage gerungen, inwieweit der Betriebsrat den Prozess des BEM mitbestimmen und ausgestalten kann.

Bringt der Betriebsrat sich im Rahmen des BEM ein, stellt sich für diesen eine Vielzahl an Fragen. Zum einen im Rahmen der Begleitung des betroffenen Arbeitnehmers, zum anderen aus der Perspektive als zu beteiligende betriebliche Interessenvertretung bei der Etablierung eines BEM im Betrieb.

Die in diesem Zusammenhang auftretenden Fragen, die die rechtlichen Voraussetzungen, rechtlichen Folgen, aber auch das taktische Vorgehen betreffen, sollen mit dieser Arbeitshilfe beantwortet und damit die rechtlichen Grundlagen, Möglichkeiten und Folgen leicht verständlich vermittelt werden. Schließlich sollen dem Betriebsrat Musterbetriebsvereinbarungen die Möglichkeit eröffnen, die durch diese Arbeitshilfe erlangten Kenntnisse innerbetrieblich in die Praxis umzusetzen.

Zur besseren Lesbarkeit wurde im Folgenden auf ein Gendering verzichtet: Alle Formulierungen erfassen stets alle Geschlechter.

Die Autorinnen

Sabine Feichtinger
Rechtsanwältin/Fachanwältin für Arbeitsrecht
Vertretung und Beratung von Arbeitnehmern im Individualarbeitsrecht

Magdalena Wagner
Rechtsanwältin/Fachanwältin für Arbeitsrecht
Vertretung und Beratung von Arbeitnehmern, Betriebsräten und Mitarbeitervertretungen im Individual- und Kollektivarbeitsrecht

Inhaltsübersicht

Der Inhalt der 3. Auflage entspricht dem Inhalt der Online-Edition 35/2024

www.betriebsrat-plus.beck.de
www.vahlen.de

ISBN 978 3 8006 7481 7

Wilhelmstraße 9, 80801 München
Druck und Bindung: Himmer GmbH
Steinerne Furt 95, 86167 Augsburg

Redaktion: Sandra Eden, Ass. jur., Verlag Franz Vahlen GmbH, München

Satz: Druckerei C.H.Beck, Nördlingen
Umschlaggestaltung: Martina Busch, Grafikdesign, Homburg Saar

vahlen.de/nachhaltig

Gedruckt auf säurefreiem, alterungsbeständigem Papier
(hergestellt aus chlorfrei gebleichtem Zellstoff)

I. Sinn und Zweck des BEM

Das BEM hat nach wie vor bei Arbeitnehmern wie Betriebsräten den Ruf, es diene als Vorbereitung einer vom Arbeitgeber beabsichtigten Kündigung. Arbeitnehmer befürchten und vermuten, dass das BEM in erster Linie dem Arbeitgeber dazu dient, Informationen beim betroffenen Arbeitnehmer zu erlangen, die die später auszusprechende Kündigung absichern soll. Dies widerspricht jedoch der vom Gesetzgeber geforderten Zielsetzung.

1. Welchen gesetzlichen Zweck verfolgt das BEM?

Zweck des BEM ist es, nach der Gesetzesbegründung durch die gemeinsame Anstrengung aller in § 167 Abs. 2 SGB IX genannten Beteiligten, eine geeignete **Gesundheitsprävention** zu schaffen, die es ermöglicht, das Arbeitsverhältnis des betroffenen Arbeitnehmers möglichst dauerhaft zu sichern (BT-Drs. 15/1783, 16; BAG 20.11.2014 – 2 AZR 755/13). Nach der Konzeption des Gesetzes lässt das BEM den Beteiligten bei der Prüfung, mit welchen Maßnahmen, Leistungen oder Hilfen eine künftige Arbeitsunfähigkeit des Arbeitnehmers möglichst vermieden werden und das Arbeitsverhältnis erhalten bleiben kann, jeden denkbaren Spielraum. Es soll erreicht werden, dass keine vernünftig in Betracht kommende, zielführende Möglichkeit ausgeschlossen wird (BAG 10.12.2009 – 2 AZR 198/09). Um die zunehmende Arbeitslosigkeit von Arbeitnehmern aus krankheitsbedingten Gründen zu verhindern, beabsichtigt der Gesetzgeber mit § 167 Abs. 2 SGB IX, möglichst frühzeitig ggf. präventiv auf diese Weise medizinischen Rehabilitationsbedarf zu erkennen und diesen auf die beruflichen Anforderungen abzustimmen.

2. Welches Ziel verfolgt das BEM?

Ziel des BEM ist es, dass der Arbeitgeber gem. § 167 Abs. 2 SGB IX beim betroffenen Arbeitnehmer feststellt, aufgrund welcher gesundheitlichen Beeinträchtigung es zu den bisherigen Ausfallzeiten gekommen ist, und welche Möglichkeiten bestehen, die Arbeitsunfähigkeitszeiten zu verringern, um durch Umgestaltung des Arbeitsplatzes, Leistungen oder Unterstützungsmaßnahmen, die dem Arbeitnehmer zuteilwerden, dessen Arbeitsplatz zu erhalten. Durch das BEM soll ein **verlaufs- und ergebnisoffener „Suchprozess“** in Gang gesetzt werden, um individuelle Lösungen zur Stabilisierung von durch gesundheitliche Probleme bestandsgefährdeten Arbeitsverhältnissen zu ermitteln (BAG 20.11.2014 – 2 AZR 755/13), die künftige Fehlzeiten ausschließen oder zumindest signifikant verringern (BAG 15.12.2022 – 2 AZR 162/22).

3. Welche Vorteile hat das BEM für Arbeitnehmer?

Im Rahmen des BEM hat der Arbeitnehmer die Chance, durch aktive Teilnahme eine Beschäftigungsmöglichkeit zu finden oder Leistungen zur Teilhabe am Arbeitsleben bzw. Leistungen des Inklusionsamtes zu erhalten, die dem Arbeitnehmer überhaupt die Wiederaufnahme der tatsächlichen Beschäftigung ermöglichen. Erfolgt zwischen dem erkrankten Arbeitnehmer bzw. häufig erkrankten Arbeitnehmer kein Dialog mit dem Arbeitgeber, können Krankheitsursachen, die auf dem Arbeitsplatz beruhen, nicht erkannt und aufgelöst werden. Die Überwindung längerer Krankheitszeiten ist dem Arbeitnehmer damit nicht möglich. Der Arbeitnehmer riskiert langfristig das Ausscheiden aus dem Arbeitsverhältnis und mit einer Erwerbsminderungsrente bzw. nach dem Auslaufen des Krankengeldes (bis zu 78 Wochen, § 48 SGB V) bzw. dem sich anschließenden Bezug von Arbeitslosengeld erhebliche finanzielle Nachteile.

Praxistipp

Die aktive Beteiligung im BEM-Verfahren eröffnet dem Arbeitnehmer die Möglichkeit, die Arbeitsunfähigkeit zu überwinden bzw. erhebliche krank-

heitsbedingte Fehlzeiten zu reduzieren. In den Gesprächen sollte darauf geachtet werden, dass im Mittelpunkt des Gesprächsprozesses nicht die der Erkrankung zugrunde liegende Diagnose – diese muss der Arbeitgeber nicht kennen – steht, sondern Möglichkeiten entwickelt und erörtert werden, wie mit den vorhandenen gesundheitlichen Einschränkungen eine Arbeitsfähigkeit aufrechterhalten werden kann.

4. Welche Nachteile hat das BEM für Arbeitnehmer?

Auch wenn Zielsetzung des BEM die Sicherung des Arbeitsverhältnisses ist, ist jeder einzelne Fall eines BEM ergebnisoffen durchzuführen. Das heißt, es kann nicht in jedem Falle und bei jeder Erkrankung davon ausgegangen werden, dass der Arbeitsplatz so individuell gestaltet wird, dass allen Einschränkungen – in einem auch für den Arbeitgeber und die Kollegen zumutbaren und praktikablen Rahmen – Rechnung getragen wird. Steht im Rahmen des BEM am Ende eines durchgeführten ergebnisoffenen Suchprozesses als Ergebnis fest, dass die Dauer der Arbeitsunfähigkeit nicht absehbar ist und der Arbeitgeber keine zumutbare Beschäftigungsmöglichkeit hat, besteht keine Weiterbeschäftigungsmöglichkeit. In diesem Fall ist der Arbeitgeber berechtigt, das Arbeitsverhältnis aus personen- bzw. krankheitsbedingten Gründen rechtswirksam zu beenden. Bei einem ordnungsgemäß durchgeführten BEM, das alle Beschäftigungsmöglichkeiten sorgsam abgeklärt hat, wird man davon ausgehen müssen, dass auch das Arbeitsgericht zu keiner anderen Beurteilung gelangt.

5. Was bedeutet die Zustimmung des Integrationsamts zu einer krankheitsbedingten Kündigung für das BEM?

Die Zustimmung des Integrationsamts zu einer krankheitsbedingten Kündigung begründet nicht die Vermutung, dass ein BEM die Kündigung nicht hätte verhindern können. Die in der Vergangenheit vom BAG angenommene **Vermutungswirkung** (BAG 7.12.2006 – 2 AZR 182/06) findet im **Wortlaut des § 167 Abs. 2 SGB IX keine Stütze.** Das BEM und das Verfahren nach §§ 168 ff. SGB IX haben unterschiedliche Ziele, Abläufe und Beteiligte. Das BEM ist ein verlaufs- und ergebnisoffener Suchprozess (→ *Frage 2: Welches Ziel verfolgt das BEM?*), an dem eine Vielzahl von Personen – insbesondere aus dem Betrieb – beteiligt werden, die nach sachgerechten Lösungen zur Verbesserung des Arbeitsumfeldes suchen. Demgegenüber überprüft das Integrationsamt einen vom Arbeitgeber bereits gefassten Kündigungsentschluss und trifft eine Ermessenentscheidung, bei welcher das Interesse des Arbeitgebers an der Erhaltung seiner Gestaltungsmöglichkeiten gegen das Interesse des schwerbehinderten Arbeitnehmers an der Erhaltung seines Arbeitsplatzes abzuwägen ist (BAG 15.12.2022 – 2 AZR 162/22).

II. Voraussetzungen des BEM

Arbeitgeber sind verpflichtet, ein BEM durchzuführen, wenn die gesetzlichen Voraussetzungen des § 167 Abs. 2 SGB IX vorliegen. Diese Pflicht trifft alle Arbeitgeber. Im Folgenden sollen die wesentlichen Fragen, unter welchen Voraussetzungen ein BEM durchzuführen ist, beantwortet werden.

6. Für wen gilt § 167 Abs. 2 SGB IX?

§ 167 Abs. 2 SGB IX gilt **für alle Beschäftigten,** nicht nur für Schwerbehinderte und gleichgestellte behinderte Menschen. Dies folgt aus dem Wortlaut der Vorschrift, die von „Beschäftigten" spricht. Die notwendigen Maßnahmen sind unter Beteiligung des Betriebsrats iSd § 176 SGB IX abzuklären. Bei Schwerbehinderten und gleichgestellten behinderten Menschen sind die Maßnahmen auch mit der Schwerbehindertenvertretung zu klären (BAG 12.7.2007 – 2 AZR 716/06; BAG 13.5.2015 – 2 AZR 565/14). Auch Beamte und Richter werden von § 167 Abs. 2 SGB IX erfasst.

Alle Arbeitnehmerinnen und Arbeitnehmer, die in einem Arbeitsverhältnis stehen, sind grundsätzlich von § 167 Abs. 2 SGB IX erfasst. Insofern gilt **auch für Aushilfskräfte oder befristete Arbeitsverhältnisse** der § 167 Abs. 2 SGB IX, wobei mit Beendigung des Arbeitsverhältnisses durch Ablauf der Befristung auch die Pflicht zur Durchführung eines BEM endet.

Die Verpflichtung zur Durchführung des BEM trifft den Arbeitgeber auch unabhängig davon, ob in seinem Betrieb ein Betriebsrat gewählt ist oder nicht (BAG 13.5.2015 – 2 AZR 565/14). Allerdings muss ein BEM gem. § 167 Abs. 2 SGB IX nicht innerhalb der Probezeit bzw. der sechsmonatigen Wartezeit des § 1 Abs. 1 S. 1 KSchG durchgeführt werden. Aufgrund der zum Präventionsverfahren nach § 167 Abs. 1 SGB IX ergangenen Rechtsprechung, wonach in Fällen, in denen das Arbeitsverhältnis noch keine 6 Monate angedauert hat und der Arbeitnehmer bzw. die Arbeitnehmerin daher weder über einen allgemeinen Kündigungsschutz gem. § 1 KSchG noch über den Sonderkündigungsschutz nach § 168 Abs. 9 SGB IX verfügt, ein Präventionsverfahren nicht durchgeführt werden muss, wird dies auch im Hinblick auf das BEM gelten. Grund hierfür ist, dass dies eine Ausprägung des Verhältnismäßigkeitsgrundsatzes darstellt, welcher erst im Anwendungsbereich des KSchG zum Tragen kommt (BAG 28.6.2007 – 6 AZR 750/06).

7. Was bedeutet die Formulierung „innerhalb eines Jahres" in § 167 Abs. 2 SGB IX?

Soweit § 167 Abs. 2 S. 1 SGB IX darauf abstellt, dass innerhalb eines Jahres Arbeitsunfähigkeitszeiten von Beschäftigten länger als sechs Wochen ununterbrochen oder wiederholt vorliegen müssen. Diese Jahresfrist bezieht sich nicht auf das Kalenderjahr, sondern stellt darauf ab, ob die betroffene Person in den letzten 12 Monaten insgesamt länger als sechs Wochen ununterbrochen oder wiederholt arbeitsunfähig erkrankt war. Eine sinnvolle Gesundheitsprävention hat keinen Bezug zum Kalenderjahr, sondern stellt allein darauf ab, ob bei einem Beschäftigten über einen bestimmten zurückliegenden Zeitraum gehäufte oder langfristige Erkrankungen vorliegen (LAG RhPf 10.1.2017 – 8 Sa 259/16).

8. Ab wann ist ein BEM verpflichtend?

Arbeitsunfähigkeit liegt gem. § 2 Abs. 1 S. 1, 2 AU-RL (Arbeitsunfähigkeits-Richtlinie) vor, wenn der Arbeitnehmer aufgrund von Krankheit seine zuletzt vor der Arbeitsunfähigkeit ausgeübte Tätigkeit nicht mehr oder nur unter der Gefahr der Verschlimmerung der Erkrankung ausführen kann. Bei der Beurteilung der Arbeitsunfähigkeit ist darauf abzustellen, welche Bedingungen die bisherige Tätigkeit geprägt haben. Eine Arbeitsunfähigkeit von länger als sechs Wochen umfasst also einen Zeitraum von mehr als 42 Kalendertagen. Dauert eine Arbeitsunfähigkeit länger als 42 Kalendertage an, beginnt **mit dem 43. Kalendertag** die Verpflichtung des Arbeitgebers, ein BEM durchzuführen. Treten Arbeitsunfähigkeitszeiten wiederholt mit kürzeren Zeiträumen auf, werden bei wiederholter Arbeitsunfähigkeit die Kalendertage der letzten 12 Monate bzw. 365 Kalendertage zusammengerechnet. Bei Teilzeitkräften, die weniger als 5 Tage die Woche arbeiten, wird man bei der Bestimmung des sechswöchigen Entgeltfortzahlungszeitraums des § 3 Abs. 1 EFZG wie bei der Berechnung des Urlaubsanspruches für Teilzeitbeschäftigte die 42 Kalendertage auf die reduzierten Arbeitstage in der Woche umrechnen. So ergibt sich auch für den Teilzeitbeschäftigten ein Zeitraum von sechs Wochen.

Beispiel

Bei einem in der Dreitagewoche arbeitenden Beschäftigten errechnet sich der das BEM auslösende 6-wöchige Arbeitsunfähigkeitszeitraum wie folgt: 3 (Arbeitstage) x 43 (Kalendertage) : 6 (Werktage pro Woche) = 21,5 Krankheitstage, aufgrundet auf 22 Krankheitstage.

9. Zählen nur die Krankheitstage zum 6-Wochen-Zeitraum dazu, für die eine AU-Bescheinigung vorliegt?

Nein! In der Regel muss gem. § 5 Abs. 1 S. 2 EFZG der Arbeitnehmer bei einer länger als 3 Kalendertage andauernden Arbeitsunfähigkeit, spätestens am darauffolgenden Arbeitstag, dem Arbeitgeber eine ärztliche Arbeitsunfähigkeitsbescheinigung vorlegen. Bei der Berechnung des 6-Wochen-Zeitraums sind die vorangegangenen Tage der Arbeitsunfähigkeit mitzuzählen.

10. Zählen als Arbeitsunfähigkeitszeiten auch Fehlzeiten wegen Kuren, Reha-Maßnahmen etc.?

Nachdem Arbeitsunfähigkeit bedeutet, dass der Arbeitnehmer die arbeitsvertraglich geschuldete Leistung nicht mehr ausüben kann oder nicht mehr ausüben sollte, weil die Heilung der Krankheit nach ärztlicher Prognose verhindert oder verzögert werden würde (BAG 23.1.2008 – 5 AZR 393/07), sind alle Zeiten der Arbeitsunfähigkeit in die Berechnung der 6-Wochen-Frist einzubeziehen. Auch Kuren und Reha-Maßnahmen zählen zum 6-Wochen-Zeitraum, da in der Regel in dieser Zeit die Arbeitsunfähigkeit beim Arbeitgeber angezeigt ist.

Insoweit ist es unerheblich, ob Arbeitsunfähigkeitszeiten aufgrund verschiedener oder derselben Krankheitsursache vorliegen. Entscheidend ist allein, dass der betroffene Arbeitnehmer seine arbeitsvertraglich geschuldete Leistung nicht mehr ausüben kann oder nicht mehr ausüben sollte.

11. Was bedeutet „wiederholt arbeitsunfähig" in § 167 Abs. 2 SGB IX?

Abzustellen ist ausschließlich auf die zeitliche Komponente der wiederholten Arbeitsunfähigkeit (insgesamt 6 Wochen). Die betroffene Person ist nicht verpflichtet, die Ursache oder Art ihrer Erkrankung zu offenbaren. Es kommt nicht darauf an, ob berufliche oder private Ursachen zu der Arbeitsunfähigkeit geführt haben oder ob immer die gleiche oder ganz unterschiedliche Erkrankungsursachen (Diagnosen) vorliegen. Daher ist ein BEM-Verfahren auch dann durchzuführen und einzuleiten, wenn die Krankheitsursache im privaten Bereich liegt. Die Durchführung eines BEM ist also nicht deshalb entbehrlich, weil die Arbeitsunfähigkeit keine ausschließlich betriebliche Ursache hat. In der Regel wird auch eine klare Unterscheidung zwischen privaten und betrieblichen Ursachen nicht möglich sein (→ *Frage 30: Kann sich der Arbeitgeber darauf berufen, dass die Krankheitsursachen im privaten Bereich liegen?*).

12. Wann muss der Arbeitgeber ein BEM anbieten?

Sobald im zurückliegenden Jahr Arbeitsunfähigkeitszeiten von sechs Wochen (42 Kalendertagen bei Vollzeitbeschäftigten) angefallen sind, muss der Arbeitgeber zu dem betroffenen Arbeitnehmer Kontakt aufnehmen und ein BEM anbieten (BAG 18.11.2021 – 2 AZR 138/21). Schon während der Phase der Arbeitsunfähigkeit sollte dem betroffenen Arbeitnehmer ein BEM angeboten werden. Diesem steht es dann frei, das Angebot anzunehmen oder wegen akuter Erkrankung abzulehnen (→ *Frage 26: Was passiert, wenn der betroffene Arbeitnehmer die Durchführung des BEM ablehnt?*).

Fraglich ist, ob das BEM-Gespräch noch während der Arbeitsunfähigkeit des Arbeitnehmers oder erst danach stattfinden darf. Diese Frage ist bisher noch nicht entschieden worden.

Das LAG Nürnberg (1.9.2015 – 7 Sa 592/14) war ausschließlich mit der Frage befasst, ob der Arbeitnehmer während der Arbeitsunfähigkeit zu einem Personalgespräch eingeladen werden kann. Das LAG hat dies mit dem Hinweis, dass der Arbeitnehmer während der Arbeitsunfähigkeit in Gänze von der Erbringung der Arbeitsleistung befreit ist, grundsätzlich verneint. Ähnlich hat dies auch das BAG (2.11.2016 – 10 AZR 596/15) entschieden: Demnach ist ein durch Arbeitsunfähigkeit an seiner Arbeitsleistung verhinderter Arbeitnehmer regelmäßig nicht verpflichtet, an einem Personalgespräch zur Klärung seiner weiteren Beschäftigungsmöglichkeiten teilzunehmen.

Etwas anderes gilt, wenn hierfür ein dringender Anlass besteht und dem Arbeitnehmer die persönliche Anwesenheit zugemutet werden kann. Mit Blick auf die unterschiedlichen Zielsetzungen eines Personalgespräches und einem BEM-Gespräches (→ *Frage 1: Welchen gesetzlichen Zweck verfolgt das BEM?*) sind diese vom BAG aufgestellten Grundsätze nicht auf die Durchführung des BEM-Gespräches zu übertragen. Daher kann der Arbeitgeber den Arbeitnehmer auch während der andauernden Arbeitsunfähigkeit zu einem BEM-Gespräch einladen.

→ *Muster 1: Checkliste Erstanschreiben*

→ *Muster 4: Einladungsschreiben zur Teilnahme am BEM*

Diese nach § 167 Abs. 2 SGB IX dem Arbeitgeber obliegende Verpflichtung darf nicht von der schriftlichen **Zustimmung des Arbeitnehmers** in die **Verarbeitung** seiner im Rahmen eines BEM **erhobenen personenbezogenen** und **Gesundheitsdaten** abhängig gemacht werden. Eine solche Zustimmung ist in § 167 Abs. 2 SGB IX nicht als Voraussetzung für die Durchführung des BEM vorgesehen (BAG 15.12.2022 – 2 AZR 162/22).

Das BEM darf nicht mit einem **Krankenrückkehrgespräch** verwechselt werden (→ *Frage 57: Unterliegen Krankenrückkehrgespräche der Mitbestimmung?*). Das BEM setzt einen verlauf- und ergebnisoffenen Suchprozess in Gang, um individuelle Lösungen zur Stabilisierung von bestandsgefährdeten Arbeitsverhältnissen aufgrund gesundheitlicher Probleme zu ermitteln.

13. Muss jeder Arbeitgeber ein BEM durchführen?

Nachdem das SGB IX keine Differenzierung vorgibt, ist davon auszugehen, dass alle Arbeitgeber verpflichtet sind, mit ihren Beschäftigten ein BEM durchzuführen. Daher gilt § 167 Abs. 2 SGB IX auch in Betrieben ohne Betriebsrat und Schwerbehindertenvertretung und auch im Kleinbetrieb und ist damit nicht abhängig von einer bestimmen Anzahl von Arbeitnehmern (BAG 30.9.2010 – 2 AZR 88/09). Da jedoch das KSchG nur in Betrieben mit mehr als 10 Vollzeitbeschäftigten Anwendung findet, können deren Kündigungen nur wegen Treuwidrigkeit bzw. Sittenwidrigkeit angegriffen werden. Kündigt ein Arbeitgeber im Kleinbetrieb, ohne zuvor ein BEM durchgeführt zu haben, stellt dies jedoch keine Sitten- oder Treuwidrigkeit dar (BAG 24.1.2008 – 6 AZR 96/07).

III. Durchführung des BEM

Liegen die Voraussetzungen des § 167 Abs. 2 SGB IX vor, ist ein BEM durchzuführen. Mangels konkreter gesetzlicher Regelung zu den Anforderungen eines BEM-Verfahrens ergeben sich viele Fragen zur Durchführung eines BEM. Im folgenden Abschnitt werden die wesentlichen Fragen hierzu geklärt.

14. Wen trifft die Initiativlast zur Durchführung des BEM?

Gem. § 167 Abs. 2 S. 1 SGB IX hat der Arbeitgeber zusammen mit den zuständigen betrieblichen Interessenvertretungen zu klären, wie die Arbeitsunfähigkeit möglichst überwunden und mit welchen Leistungen und Hilfen einer erneuten Arbeitsunfähigkeit vorgebeugt und der Arbeitsplatz erhalten werden kann. Damit obliegt es dem Arbeitgeber, die Initiative zu ergreifen, ein BEM einzuleiten und auch organisatorisch umzusetzen (BAG 7.9.2021 – 9 AZR 571/20; BAG 20.11.2014 – 2 AZR 755/13), auch wenn § 167 Abs. 2 SGB IX keine konkreten inhaltlichen Anforderungen und Verfahrensschritte für ein BEM vorgibt (BAG 10.12.2009 – 2 AZR 198/09) (→ *Frage 20: Muss der Arbeitgeber bei der Einführung des BEM ein bestimmtes Verfahren einhalten?*).

→ *Muster 4: Einladungsschreiben zur Teilnahme am BEM*

→ *Muster 1: Checkliste Erstanschreiben*

15. Welche Auswirkungen hat ein unterlassenes bzw. fehlerhaftes BEM?

Nach ständiger Rechtsprechung des BAG ist die Durchführung des BEM keine formelle Wirksamkeitsvoraussetzung für die **krankheitsbedingte Kündigung.** Ziel des BEM ist es (→ *Frage 2: Welches Ziel verfolgt das BEM?*), im Rahmen des ergebnisoffenen Suchprozesses Wege zu finden, erneuter Arbeitsunfähigkeit vorzubeugen, um damit das Arbeitsverhältnis zu erhalten. War der Arbeitgeber seiner Verpflichtung gem. § 167 Abs. 2 S. 1 SGB IX nicht nachgekommen, ist er darlegungs- und beweispflichtig dafür, dass auch ein BEM nicht dazu hätte beitragen können, neuerlichen Arbeitsunfähigkeitszeiten entgegenzuwirken und das Arbeitsverhältnis zu erhalten. Die Durchführung eines BEM ist zwar selbst kein milderes Mittel gegenüber der Kündigung. Mithilfe eines BEM können aber mildere Mittel als die Beendigung des Arbeitsverhältnisses erkannt und ermittelt werden (BAG 18.11.2021 – 2 AZR 138/21). Maßgeblicher Zeitpunkt für die Beurteilung, ob die Kündigung durch mildere Mittel hätte vermieden werden können, ist der Zeitpunkt ihres Zugangs (BAG 15.12.2022 – 2 AZR 162/22).

Soweit der Arbeitnehmer bei **unterlassenem BEM** nicht in der Lage ist, Beschäftigungsmöglichkeiten iSd § 164 Abs. 4 S. 1 Nr. 1 SGB IX sowie Möglichkeiten aufzuzeigen, Arbeitsstätten und Arbeitsplätze sowie die Arbeitsorganisation behindertengerecht zu gestalten (§ 164 Abs. 4 S. 1 Nr. 4 und 5 SGB IX), kann sich der Arbeitgeber zur Abwehr des Beschäftigungsverlangens des Arbeitnehmers oder zur Begründung einer Kündigung nicht darauf beschränken vorzutragen, er kenne keine alternativen Einsatzmöglichkeiten für den Arbeitnehmer und es gebe keine Arbeitsplätze, die dieser mit seinem Leistungsvermögen ausfüllen könne, oder es sei mit einer Verringerung seiner Fehlzeiten nicht zu rechnen (BAG 7.9.2021 – 9 AZR 571/20). Folglich ist das Fehlen eines BEM unschädlich, dh führt nicht zur Unwirksamkeit der krankheitsbedingten Kündigung, wenn auch bei Durchführung kein positives Ergebnis entstanden wäre (BAG 13.5.2015 – 2 AZR 565/14).

Hat der Arbeitgeber nicht gänzlich davon abgesehen, ein **BEM** anzubieten, ist ihm dabei oder bei der weiteren Durchführung aber ein **Fehler unterlaufen**, ist für den Umfang seiner Darlegungslast von Bedeutung, ob der Fehler Einfluss auf die Möglichkeit hatte oder hätte haben können, Maßnahmen zu identifizieren, die zu einer relevanten Reduktion der Arbeitsunfähigkeitszeiten des Arbeitnehmers hätten führen können. Das kann der Fall sein, wenn der Arbeitnehmer gerade aufgrund des fehlerhaften Verhaltens durch den Arbeitgeber einer (weiteren) Durchführung des BEM nicht zugestimmt hat. Andernfalls spricht der Umstand, dass ein Arbeitnehmer nicht zu seiner (weiteren) Durchführung bereit ist, grundsätzlich dagegen, dass durch ein BEM mildere Mittel als die Kündigung hätten festgestellt werden können (BAG 18.11.2021 – 2 AZR 138/21).

Das BEM ist auch im Fall einer **Versetzung** oder einer anderen **Ausübung des Direktionsrechts,** die (auch) auf gesundheitliche Gründe gestützt wird, keine formelle oder unmittelbare materielle Wirksamkeitsvoraussetzung für die Maßnahme. Aus § 167 Abs. 2 SGB IX folgt weder gegenüber dem Weisungsrecht nach § 106 S. 1 GewO noch im Verhältnis zu § 1 KSchG eine solche Vorrangstellung (BAG 18.10.2017 – 10 AZR 47/17).

16. Kann der Arbeitnehmer ein BEM beim Arbeitgeber einfordern?

Nach § 167 Abs. 2 S. 7 SGB IX können die dort genannten Stellen die nach § 167 Abs. 2 S. 1 SGB IX gebotene Klärung verlangen. Demgegenüber begründet § 167 Abs. 2 S. 1 SGB IX **keinen Individualanspruch** (§ 194 Abs. 1 BGB) **der betroffenen Arbeitnehmer** auf Durchführung eines BEM. Die allgemeinen Rücksichtnahmepflichten aus § 241 Abs. 2 BGB und die Schutzpflichten aus § 618 BGB können es zwar gebieten, dass der Arbeitgeber Maßnahmen ergreift, um die Arbeitsunfähigkeit zu überwinden und erneuter Arbeitsunfähigkeit vorzubeugen, mit dem Ziel, die Beschäftigung des Arbeitnehmers zu sichern. Von diesen Einzelmaßnahmen ist jedoch das in § 167 Abs. 2 SGB IX zusammengefasste und spezialgesetzlich abschließend geregelte Klärungsverfahren zu unterscheiden.

Die Gerichte müssen diese gesetzgeberische Grundentscheidung respektieren und nur den in § 167 Abs. 2 S. 7 SGB IX genannten Stellen, nicht aber dem betroffenen Arbeitnehmer, einen Anspruch auf Einleitung und Durchführung des BEM einräumen (BAG 7.9.2021 – 9 AZR 571/20).

17. Wann ist der Arbeitgeber verpflichtet, erneut ein BEM durchzuführen?

Erkrankt der Arbeitnehmer nach Abschluss eines BEM erneut innerhalb eines Jahres für mehr als sechs Wochen (→ *Frage 8: Ab wann ist ein BEM verpflichtend?*), ist grundsätzlich erneut ein Bedürfnis für die Durchführung eines BEM gegeben. Der Abschluss eines BEM ist dabei der "Tag null" für einen neuen Referenzzeitraum von einem Jahr (LAG Düsseldorf 9.12.2020 – 12 Sa 554/20). Im vorhergegangenen BEM durften nur Erkrankungen berücksichtigt werden, die für die bis zum Abschluss aufgetretenen Arbeitsunfähigkeitszeiten ursächlich waren, ebenso wie nur die bis dahin maßgeblichen betrieblichen Abläufe und Verhältnisse. Ob sich aus danach geänderten Krankheitsursachen und betrieblichen Umständen ein neuer Ansatz für Maßnahmen zur Vorbeugung vor weiteren Zeiten von Arbeitsunfähigkeit ergibt, kann nur in einem neuerlichen BEM geklärt werden. Dies gilt auch dann, wenn nach dem zuvor durchgeführten BEM noch nicht ein Jahr vergangen ist (BAG 18.11.2021 – 2 AZR 138/21).

Kommen während eines **noch laufenden BEM weitere Zeiten von Arbeitsunfähigkeit** von mehr als sechs Wochen hinzu, verlangen Sinn und Zweck des § 167 Abs. 2 S. 1 SGB IX allerdings nicht die Durchführung eines parallelen zusätzlichen BEM. Dem Ziel, dem Arbeitnehmer durch geeignete Gesundheitsprävention möglichst sein Arbeitsverhältnis zu erhalten, ist ausreichend dadurch gedient, dass während eines noch laufenden BEM auftretende Zeiten von Arbeitsunfähigkeit sowie mögliche Veränderungen in den Krankheitsursachen oder betrieblichen Verhältnissen in dieses einbezogen werden.

Ein **weiteres BEM** kann nur dann erforderlich sein, wenn ein **vorheriges** bereits **abgeschlossen** ist. Davon ist jedenfalls dann auszugehen, wenn sich Arbeitgeber und Arbeitnehmer einig sind, dass der Suchprozess durchgeführt ist oder nicht weiter durchgeführt werden soll. Dies gilt entsprechend, wenn allein der Arbeitnehmer seine Zustimmung für die weitere Durchführung nicht erteilt. Deren Vorliegen ist nach § 167 Abs. 2 S. 1 SGB IX Voraussetzung für den Klärungsprozess (→ *Frage 22: Kann das BEM nur mit Zustim-*

mung der betroffenen Person durchgeführt werden?).

Hat der Arbeitnehmer zunächst seine **Zustimmung** zur Durchführung eines BEM **nicht erteilt,** ist der Arbeitgeber dennoch gehalten, einen weiteren Versuch eines BEM zu unternehmen, wenn der Arbeitnehmer innerhalb eines Jahres, nachdem er die Durchführung eines BEM abgelehnt hat, erneut mehr als sechs Wochen durchgängig oder wiederholt arbeitsunfähig gewesen ist. Dies gilt auch, wenn seit der nicht erteilten Zustimmung nicht bereits wieder ein Jahr vergangen ist (BAG 18.11.2021 – 2 AZR 138/21).

18. Worüber hat der Arbeitgeber den betroffenen Arbeitnehmer vor Beginn des BEM zu informieren?

Gem. § 167 Abs. 2 S. 4 SGB IX ist der Arbeitgeber verpflichtet, die betroffene Person oder ihren gesetzlichen Vertreter vor Beginn des BEM auf die **Ziele des BEM** sowie auf **Art und Umfang** der hierfür erhobenen und verwendeten **Daten hinzuweisen** (BAG 13.5.2015 – 2 AZR 565/14). Eine **schriftliche Zustimmung des Arbeitnehmers** in die Verarbeitung seiner im Rahmen des BEM erhobenen personenenbezogenen und **Gesundheitsdaten** sieht § 167 Abs. 2 SGB IX dagegen **nicht** vor (BAG 15.12.2022 – 2 AZR 162/22). Um die Zustimmung des Arbeitnehmers regelkonform einzuholen, muss der Arbeitgeber dem Arbeitnehmer die notwendigen Informationen mitteilen. Dann kann dieser entscheiden, ob er dem BEM zustimmt oder nicht (BAG 17.4.2019 – 7 AZR 292/17).

Der betroffene Arbeitnehmer muss vom Arbeitgeber auch darüber informiert werden, dass es Ziel des BEM ist, die Arbeitsunfähigkeit zu überwinden und erneuter Arbeitsunfähigkeit vorzubeugen, um das Arbeitsverhältnis zu erhalten.

Dem betroffenen Arbeitnehmer sollte erklärt werden, dass Zielsetzung die Weiterbeschäftigung ist und diese in einem ergebnisoffenen Verfahren unter Einbringung eigener Vorschläge erreicht werden soll (BAG 20.11.2014 – 2 AZR 755/13). Zudem muss der Arbeitgeber dem betroffenen Arbeitnehmer mitteilen, welche Daten von ihm erhoben und wie sie verwendet werden. Grundsätzlich dürfen nur solche Daten erhoben werden, die erforderlich sind, um ein zielführendes, der Gesundung und Gesunderhaltung des Betroffenen dienendes BEM durchführen zu können.

Dem betroffenen Arbeitnehmer muss auch mitgeteilt werden, welche Krankheitsdaten – als sensible Daten iSv § 22 Abs. 1 Nr. 1 lit. b BDSG – erhoben und gespeichert und inwieweit und für welche Zwecke sie dem Arbeitgeber zugänglich gemacht werden. Nur bei entsprechender ordnungsgemäßer Unterrichtung kann von einem regelkonformen Angebot eines BEM die Rede sein (BAG 20.11.2014 – 2 AZR 755/13).

Soweit vom Arbeitnehmer im BEM-Verfahren mitgeteilte Diagnosedaten an nicht im Verfahren beteiligte Vertreter des Arbeitgebers weitergeleitet werden sollen, ist der betroffene Arbeitnehmer ausdrücklich auf die Freiwilligkeit seiner Einwilligung hinzuweisen (LAG BW 28.7.2021 – 4 Sa 68/20).

Der Arbeitgeber ist ferner verpflichtet, den Beschäftigten darauf hinzuweisen, dass er zusätzlich zu den von Amts wegen **zu beteiligenden Stellen** auch eine interne oder externe **Person seines Vertrauens** hinzuziehen kann (§ 167 Abs. 2 S. 2 und 4 SGB IX).

→ *Muster 1: Checkliste Erstanschreiben*

→ *Muster 3: Informationsmaterial für die Beschäftigten*

Die ordnungsgemäße Information des betroffenen Arbeitnehmers durch den Arbeitgeber setzt schließlich voraus, dass seine Zustimmung zu einem BEM auch unter der Maßgabe erteilt werden kann, dass die betriebliche Interessenvertretung nicht beteiligt wird (BAG 22.3.2016 – 1 ABR 14/14).

19. Wann muss der Arbeitgeber den Betriebsrat hinzuziehen?

Der Arbeitgeber muss bei der Durchführung des BEM eine bestehende betriebliche Interessenvertretung hinzuziehen, wenn der Arbeitnehmer hiermit einverstanden ist (BAG 22.3.2016 – 1 ABR 14/14).

20. Muss der Arbeitgeber bei der Einführung des BEM ein bestimmtes Verfahren einhalten?

Eine gesetzliche Verpflichtung für die Einführung des BEM als System mit einem sog. BEM-Team und in Form einer Betriebsvereinbarung gibt es nicht (LAG Hmb 21.5.2008 – H 3 TaBV 1/08). Das Gesetz sieht vielmehr eine Verpflichtung im Einzelfall zur Durchführung eines BEM vor (→ *Frage 44: Kann der Betriebsrat auf das weitere BEM-Verfahren Einfluss nehmen?*; → *Frage 45: Hat der Betriebsrat ein Mitbestimmungsrecht bei Verfahrensfragen?*). Arbeitgeber kleinerer Betriebe werden versuchen, im Einzelfall zu reagieren und mithilfe der offiziellen Stellen nach § 12 Abs. 1, 2 SGB IX (ergänzende unabhängige Teilhabeberatung nach § 32 Abs. 1–3 SGB IX, Rehaträger, Inklusionsamt) das BEM durchzuführen. Arbeitgeber größerer Betriebe sollten jedoch sinnvollerweise ein einheitliches Verfahren erarbeiten und umsetzen. Nur so kann es gelingen, ein vertrauensvolles Verfahren zu schaffen, das dann auch der gesetzlichen Zielsetzung gerecht werden kann.

21. Gibt es Mindestanforderungen für ein ordnungsgemäßes BEM?

Ja. Auch wenn § 167 Abs. 2 SGB IX keine konkreten Vorgaben macht und das BAG (10.12.2009 – 2 AZR 198/09) den Klärungsprozess als nicht formalisiertes Verfahren, sondern als rechtlich regulierten, verlaufs- und ergebnisoffenen „Suchprozess" mit individuell angepassten Lösungen zur Vermeidung zukünftiger Arbeitsunfähigkeiten versteht, lassen sich gleichwohl gewisse Mindeststandards aus dem Gesetz ableiten. Danach entspricht jedes Verfahren den gesetzlichen Anforderungen,

- das die zu beteiligenden Stellen, Ämter und Personen einbezieht (BAG 7.9.2021 – 9 AZR 571/20),
- das keine vernünftigerweise in Betracht zu ziehende Anpassungs- und Änderungsmöglichkeit ausschließt (BAG 20.5.2020 – 7 AZR 100/19) und
- in dem die von den Teilnehmern eingebrachten Vorschläge sachlich erörtert werden (BAG 10.12.2009 – 2 AZR 400/08).

Der Arbeitgeber hat den Arbeitnehmer über die Ziele des BEM und Art und Umfang der hierfür erhobenen und verwendeten Daten zu informieren. Darüber hinaus hat er bei Einleitung eines BEM auch darauf hinzuwiesen, dass die zuständigen Rehabilitationsträger bzw. das Inklusionsamt hinzugezogen werden, wenn Leistungen zur Teilhabe oder begleitende Hilfen im Arbeitsleben in Betracht kommen.

→ *Muster 3: Informationsmaterial für die Beschäftigten*

22. Kann das BEM nur mit Zustimmung der betroffenen Person durchgeführt werden?

Ja. Es gilt der **Grundsatz der Freiwilligkeit.** Das in § 167 Abs. 2 S. 1 SGB IX bestimmte Zustimmungserfordernis soll gewährleisten, dass die Klärung des Gesundheitszustands nur freiwillig erfolgt. Ohne die Zustimmung des betroffenen Arbeitnehmers kann daher kein BEM durchgeführt werden. Vor jedem weiteren Schritt ist zunächst die freiwillige Zustimmung des Betroffenen erforderlich. Hinzukommen muss die datenschutzrechtliche schriftliche Einwilligung, dass Gesundheitsdaten (Ursache der Arbeitsunfähigkeit, Gesundheitszustand und Behandlungsverlauf, Gesundheitsprognose) erhoben werden dürfen. Es bedarf hierbei schriftlich einer vorherigen Aufklärung, eines Hinweises zu den Rechtsfolgen einer Weigerung und eines Hinweises zum jederzeitigen Widerrufsrecht (für die Zukunft). Die **fehlende Zustimmung** des

Arbeitnehmers **zur Durchführung** eines BEM bzw. die **Verarbeitung seiner personenenbezogenen und Gesundheitsdaten** ist jedoch nur für die spätere eingeschränkte Darlegungslast in einem Kündigungsschutzprozess beachtlich, wenn der Arbeitgeber zuvor regelkonform um Zustimmung des Arbeitnehmers zur Durchführung des BEM ersucht hat (BAG 30.8.2017 – 7 AZR 204/16). Ist der Arbeitnehmer im Laufe des Verfahrens nicht bereit, durch erforderliche Angaben über seinen Gesundheitszustand, wie etwa durch die Vorlage von Attesten und Arztberichten, an dem Klärungsprozess mitzuwirken (→ *Frage 2: Welches Ziel verfolgt das BEM?*), kann dies dazuführen, dass der Arbeitgeber berechtigterweise das BEM-Verfahren abbricht (BAG 15.12.2022 – 2 AZR 162/22) (→ *Frage 27: Kann der Betroffene das BEM-Verfahren abbrechen?*).

23. Kann der Arbeitnehmer das BEM unter Hinzuziehung des Betriebsrats ablehnen?

Stimmt die betroffene Person dem BEM zu, wünscht jedoch, dass der Betriebsrat und/oder die Schwerbehindertenvertretung nicht beteiligt werden iSd § 167 Abs. 2 SGB IX, dann ist das BEM ohne diese durchzuführen.

24. Sind Äußerungen des Arbeitnehmers im Rahmen des BEM für den Arbeitgeber verwertbar?

Ja. Bedroht der Arbeitnehmer seinen Arbeitgeber, Vorgesetzten oder Kollegen, oder spricht dieser eine ernstliche Selbstmordandrohung aus, um Druck auf den Arbeitgeber auszuüben, um eigene Interessen durchzusetzen, dürfen derartige Aussagen des Arbeitnehmers auch dann verwertet werden, wenn sie im Rahmen eines BEM erfolgt sind (BAG 29.6.2017 – 2 AZR 47/16). Allerdings unterliegen alle Beteiligten im Hinblick auf die Behinderungsart und Krankheitsdiagnosen dem Arbeitgeber gegenüber strengen datenschutzrechtlichen Vorgaben. Zudem ist das unbefugte Offenbaren von ärztlichen Geheimnissen und vertraulichen Gesundheitsdaten strafbewehrt (vgl. § 203 StGB, § 120 Abs. 2 BetrVG, §§ 237a, 237b SGB IX).

25. Kann der Betroffene eine weitere Vertrauensperson, zB einen Rechtsanwalt, zum BEM-Verfahren hinzuziehen?

Gem. § 167 Abs. 2 S. 2 SGB IX kann der Beschäftigte zusätzlich eine Vertrauensperson eigener Wahl zu den Gesprächen im Rahmen des BEM hinzuziehen.

Wird die hinzugezogene Person nicht unentgeltlich tätig, hat der betroffene Arbeitnehmer die Kosten (Anwaltskosten) selbst zu tragen.

26. Was passiert, wenn der betroffene Arbeitnehmer die Durchführung des BEM ablehnt?

Lehnt der betroffene Arbeitnehmer die Durchführung eines BEM ausdrücklich ab, führt dies dazu, dass für den Arbeitgeber die Verpflichtung entfällt, weitere Maßnahmen des BEM zu prüfen. Sollte der Arbeitgeber dann in der Folge eine krankheitsbedingte Kündigung aussprechen, kann der betroffene Arbeitnehmer ggf. **nicht mehr** den **Einwand erheben,** ein **BEM hätte** den Ausspruch der **Kündigung verhindern können,** wenn das BEM vom Arbeitgeber ordnungsgemäß angeboten wurde (BAG 30.8.2017 – 7 AZR 204/16). Voraussetzung für diese Folge ist jedoch, dass der Arbeitgeber dem Arbeitnehmer die Durchführung des BEM ordnungsgemäß angeboten hat. Ist dies nicht der Fall und wurden die Mindeststandards eines BEM-Verfahrens nicht eingehalten (→ *Frage 18: Worüber hat der Arbeitgeber den betroffenen Arbeitnehmer vor Beginn des BEM zu informieren?*), führt dies zur Unbeachtlichkeit des Verfahrens insgesamt und damit im Rahmen des Kündigungsrechtsstreits zu einer verschärften Darlegungs- und Beweislast des Arbeitgebers. In diesem Fall muss der Arbeitgeber darlegen und beweisen, dass die krankheitsbedingte Kündigung auch nicht durch ein BEM hätte verhindert werden können. Teilt der betroffene Arbeitnehmer jedoch mit, aus gesundheitlichen Gründen derzeit nicht an einem Gespräch teilnehmen zu können, kann von einer dauerhaften Verweigerung und damit Ablehnung eines BEM nicht ausgegangen werden. Dies gilt auch, wenn der Arbeitnehmer ein BEM „zurzeit für nicht erforderlich" hält (LAG Hamm 27.1.2012 – 13 Sa 1493/11).

Wird der Arbeitnehmer innerhalb eines Jahres, nachdem er die Durchführung eines BEMs abgelehnt hat, erneut mehr als 6 Wochen durchgängig oder wiederholt arbeitsunfähig, hat der Arbeitgeber, auch wenn seit der nicht erteilten Zustimmung nicht bereits wieder ein Jahr vergangen ist, dem Arbeitnehmer erneut ein BEM anzubieten (BAG 18.11.2021 – 2 AZR 138/21) (→ *Frage 12: Wann muss der Arbeitgeber ein BEM anbieten?*). Hierbei ist zu berücksichtigen, dass die Ablehnung eines BEM nur so lange fortwirkt, bis in einem Zeitraum von maximal einem weiteren Kalenderjahr sich weitere 42 Kalendertage iSd § 167 Abs. 2 SGB IX angesammelt haben. In diesem Fall ist der Arbeitgeber verpflichtet, erneut die Durchführung eines BEM anzubieten.

27. Kann der Betroffene das BEM-Verfahren abbrechen?

Wurde der Arbeitnehmer **nicht ausreichend** über die Ziele des BEM sowie über Art und Umfang der hierfür erhobenen und verwendeten Daten hingewiesen, kann dieser das BEM-Verfahren **ohne Nachteile** auch im fortgeschrittenen Stadium abbrechen, da der Arbeitgeber mangels Einhaltung der Mindeststandards sich in einem etwaigen späteren Kündigungsschutzprozess nicht auf die fehlende Zustimmung berufen kann. Hat der Arbeitgeber das BEM-Verfahren ordnungsgemäß eingeleitet, führt im Kündigungsschutzverfahren die Verweigerung der Zustimmung zur weiteren Durchführung des BEM-Verfahrens dazu, dass der Arbeitgeber im Prozess nicht mehr beweisen muss, dass die Durchführung eines BEM die Kündigung nicht verhindert hätte. Eine „Aussetzung" des BEM-Verfahrens wegen gesundheitlicher Gründe des Arbeitnehmers dürfte dagegen die Pflicht des Arbeitgebers, ein BEM-Verfahren durchzuführen, nicht entfallen lassen.

28. Gilt das Schweigen des Betroffenen als Ablehnung?

Grundsätzlich kann das bloße Schweigen nicht als Ablehnung gewertet werden. Dies wäre nur dann der Fall, wenn der Arbeitgeber im Einladungsschreiben unter Fristsetzung mitgeteilt hat, dass er nach Fristablauf von einer Ablehnung ausgehe. Fehlt es an einem entsprechenden Hinweis unter Fristsetzung durch den Arbeitgeber, wird der Arbeitgeber verpflichtet sein, die Einwilligung des Arbeitnehmers erneut einzufordern. Erst wenn der Arbeitgeber den Arbeitnehmer deutlich darauf hingewiesen hat, dass man nach Fristablauf von einer Ablehnung ausgehe und er mit dem Ausspruch einer Kündigung rechnen müsse, besteht keine arbeitgeberseitige Verpflichtung mehr, ein BEM erneut anzubieten.

→ *Muster 4: Einladungsschreiben zur Teilnahme am BEM*

29. Kann sich der Arbeitgeber darauf berufen, ein BEM wäre nutzlos gewesen?

Der Arbeitgeber kann sich unabhängig davon, ob ein bereits durchgeführtes BEM Rückschlüsse auf die Nutzlosigkeit eines weiteren erlaubt, darauf berufen, dass die Durchführung eines (weiteren) BEM kein positives Ergebnis hätte erbringen können. Für die **objektive Nutzlosigkeit** trägt er die **Darlegungs- und Beweislast**. In einem solchen Fall muss er im Rahmen des ihm aufgrund seines Kenntnisstandes Möglichen (Kenntnis der Krankheitsursachen) und des nach den Umständen des Streitfalles Veranlassten umfassend und detailliert vortragen, warum weder ein weiterer Einsatz auf dem bisherigen Arbeitsplatz noch dessen Anpassung oder Veränderung entsprechend dem Leistungsvermögen des Arbeitnehmers möglich gewesen seien und der Arbeitnehmer auch nicht auf einem anderen Arbeitsplatz bei geänderter Tätigkeit habe eingesetzt werden können, dh warum ein BEM also nicht dazu hätte beitragen können, neuerlichen Krankheiten vorzubeugen und das Arbeitsverhältnis zu erhalten (BAG 18.11.2021 – 2 AZR 138/21). Da der Arbeitgeber die primäre Darlegungslast für die Nutzlosigkeit des BEM trägt, muss er von sich aus zum **Fehlen alternativer Beschäftigungsmöglichkeiten** oder zur **Nutzlosigkeit anderer ihm zumutbarer Maßnahmen** vortragen (BAG 15.12.2022 – 2 AZR 162/22). Hierzu zählt auch die Darlegung, dass durch die gesetzlich vorgesehenen **Hilfen und Leistungen der Rehabilitationsträger** künftige Fehlzeiten nicht in relevantem Umfang hätten vermieden werden können (BAG 20.11.2014 – 2 AZR 755/13).

30. Kann sich der Arbeitgeber darauf berufen, dass die Krankheitsursachen im privaten Bereich liegen?

Höchstrichterlich noch nicht geklärt ist die Frage, ob Krankheitsursachen im privaten Bereich von der Regelung des § 167 Abs. 2 SGB IX erfasst werden. Das LAG Hessen hat diese Frage zutreffend bejaht. Die beabsichtigte Minderung einer Krankheitsanfälligkeit bedarf in der Regel eines umfassenden Konzepts, das auch die private Lebensweise mit zu berücksichtigen hat. Außerdem wird eine klare Trennung von privaten und betrieblichen Ursachen für eine Erkrankung wohl nur äußerst selten möglich sein (HessLAG 3.6.2013 – 21 Sa 1456/12).

31. Wie muss das Ergebnis eines BEM-Verfahrens aussehen?

Da das BEM-Verfahren ein ergebnisoffener Suchprozess ist, gibt es kein bestimmtes Ergebnis. Es kann erfolgreich verlaufen, muss aber nicht. Führt der Klärungsprozess zwischen Arbeitgeber und Betriebsrat zu keiner übereinstimmenden Bewertung der Möglichkeiten, verbleibt es bei diesem uneinigen Ergebnis (BAG 22.3.2016 – 1 ABR 14/14).

32. Kann der Arbeitnehmer die Umsetzung des BEM-Ergebnisses verlangen?

Grundsätzlich ist davon auszugehen, dass der Arbeitgeber wohl die empfohlene Maßnahme als milderes Mittel vor Ausspruch einer krankheitsbedingten Kündigung umsetzten muss. Kündigt er, ohne zuvor die Maßnahme umgesetzt zu haben, muss er im Einzelnen konkret darlegen, weshalb die Maßnahme trotz Empfehlung nicht durchführbar war oder die Umsetzung der Maßnahme zu keiner Reduzierung der Arbeitsunfähigkeitszeiten geführt hätte. In diesem Fall kann der Arbeitnehmer diese Behauptung des Arbeitgebers im Kündigungsschutzverfahren einfach bestreiten (BAG 10.12.2009 – 2 AZR 400/08), sodass der Arbeitgeber die Unmöglichkeit oder Nutzlosigkeit der Maßnahme beweisen muss. Kommt der Arbeitgeber den gebotenen Maßnahmen des betrieblichen Eingliederungsmanagements gem. § 167 Abs. 2 SGB IX wie zB einer ärztlich empfohlenen stufenweisen Wiedereingliederung nicht nach, können Schadenersatzansprüche des Arbeitnehmers gem. §§ 280, 823 Abs. 2 BGB iVm § 167 Abs. 2 SGB IX in Betracht kommen (LAG Hamm 4.7.2011 – 8 Sa 726/11).

33. Muss der Arbeitnehmer dem BEM-Ergebnis Folge leisten?

Führt das BEM-Verfahren als gemeinsamer Klärungsprozess zu einem gemeinsamen Ergebnis, wird der betroffene Arbeitnehmer durchaus gehalten sein, dem gefundenen Ergebnis wie zB der Beantragung einer Reha-Maßnahme Folge zu leisten. Setzt der betroffene Arbeitnehmer die gefundene Maßnahme nicht um, muss der Arbeitgeber diesen darauf hinweisen, dass mit einer Kündigung zu rechnen ist, wenn die Umsetzung der gefundenen Maßnahme verweigert wird. Lehnt der Arbeitnehmer die Durchführung der Maßnahme trotzdem ab oder bleibt untätig, muss der Arbeitgeber die Maßnahme als milderes Mittel vor Ausspruch der krankheitsbedingten Kündigung nicht mehr berücksichtigen (BAG 10.12.2009 – 2 AZR 400/08; HessLAG 3.6.2013 – 21 Sa 1456/12).

34. Was ist die Folge, wenn das Ergebnis des BEM keinen Erfolg hat oder für den Arbeitnehmer negativ ist?

Der Arbeitgeber wird den Ausspruch einer krankheitsbedingten Kündigung dann in Erwägung ziehen, wenn das Ergebnis des BEM keinen Erfolg hat oder das BEM-Ergebnis ein negatives für den Arbeitnehmer ist. In diesen Fällen wird im Kündigungsschutzprozess über die Wirksamkeit der Kündigung geurteilt werden – ohne die erweiterte Darlegungslast hinsichtlich des Bestehens von Beschäftigungsmöglichkeiten seitens des Arbeitgebers (BAG 17.4.2019 – 7 AZR 292/17). Grundsätzlich sollte der Arbeitnehmer schon im BEM-Verfahren alle Möglichkeiten einbringen, die seine Arbeitsunfähigkeitszeiten reduzieren könnten. Unterlässt der Betroffene dies, läuft er in einem späteren Kündigungsschutzprozess Gefahr, darlegen und beweisen zu müssen, dass die Zuweisung etwaig bestehender Beschäftigungsmöglichkeiten die Kündigung verhindert hätte.

35. Müssen die BEM-Gespräche protokolliert werden?

Eine gesetzliche Verpflichtung zur Protokollierung der BEM-Gespräche existiert nicht. Will der Arbeitgeber jedoch in einem späteren Kündigungsschutzprozess sich auf die Durchführung eines ordnungsgemäßen BEM-Verfahrens berufen, dürfte es aus Beweisgründen schon geboten sein, das Verfahren schriftlich festzuhalten.

36. Hat der Betroffene einen Anspruch auf Protokollberichtigung?

Grundsätzlich sind die im Rahmen des BEM-Verfahrens erhobenen Daten in einer von der Personalakte des Betroffenen abgetrennten Akte zu sammeln. Gleichwohl müssten jedoch die für die Personalakte geltenden Grundsätze auch auf die „BEM-Akte" übertragbar sein, wonach die vom Arbeitgeber geführte Akte ein möglichst vollständiges, wahrheitsgemäßes und sorgfältiges Bild über den Arbeitnehmer abgeben soll (BAG 12.9.2006 – 9 AZR 271/06). Mangels gesetzlicher Grundlage sieht die Rechtsprechung für die Personalakte aufgrund der Fürsorgepflicht des Arbeitgebers, aus Treu und Glauben und zum Schutz der Persönlichkeitssphäre des Mitarbeiters einen Berichtigungsanspruch vor, soweit Angaben in der Personalakte unrichtig sind. Der Arbeitnehmer hat die unrichtigen Angaben in der Personalakte zu beweisen. Fehlerhafte Werturteile sind hiervon jedoch nicht umfasst. Diese Erwägungen müssten auch auf die Dokumentation des BEM-Verfahrens übertragbar sein. Verfasst der Arbeitgeber ein fehlerhaftes Protokoll, kann der Arbeitnehmer die Berichtigung verlangen, wenn er beweisen kann, dass es sich um unrichtige Angaben im Protokoll handelt. Eine gerichtliche Entscheidung gibt es bis dato hierzu jedoch nicht.

IV. Rechte und Pflichten des Betriebsrats

Zwar ist das betriebliche Eingliederungsmanagement ein Verfahren, das in erster Linie nur das Arbeitsverhältnis des einzelnen Arbeitnehmers mit dem Arbeitgeber betrifft. Allerdings ist auch der Betriebsrat Beteiligter des betrieblichen Eingliederungsmanagements iSd § 167 Abs. 2 S. 1 SGB IX. Die Einleitung des BEM obliegt eigentlich dem Arbeitgeber. Dennoch kommt es nicht selten vor, dass Arbeitgeber diese Verpflichtung vernachlässigen. Betriebsräte sollten deshalb durch ihre Rechte im Rahmen des BEM – insbesondere aus § 87 Abs. 1 Nr. 1, 6 und 7 BetrVG – dafür sorgen, ein qualitativ hochwertiges BEM auszugestalten und für Vertrauen bei den Beschäftigten zu werben. Nicht nur durch gesetzlich gesicherte Rechte, sondern auch oftmals durch langjährige Erfahrung kann die Interessenvertretung einen wertvollen Beitrag zu einem gelungenen BEM leisten. Der nächste Themenabschnitt befasst sich mit der Rolle des Betriebsrats im BEM-Verfahren sowie seinen Rechten und Pflichten.

37. Welche Rolle nimmt der Betriebsrat im BEM ein?

Der Betriebsrat ist zentraler Akteur des BEM. Nach § 167 Abs. 2 S. 1 SGB IX hat der Arbeitgeber den Betriebsrat und die Schwerbehindertenvertretung einzubinden, sobald ein Beschäftigter sechs Wochen ununterbrochen bzw. wiederholt arbeitsunfähig ist. Es sollen die Möglichkeiten, wie die Arbeitsunfähigkeit möglichst überwunden werden und mit welchen Leistungen oder Hilfen erneuter Arbeitsunfähigkeit vorgebeugt und der Arbeitsplatz erhalten werden kann, ausgelotet werden. Die Rechte des Betriebsrats sind dabei vielfältig und sollen sicherstellen, dass der Arbeitnehmer das nötige Vertrauen entwickelt, am BEM teilzunehmen. Das Bundesverwaltungsgericht formuliert hierzu:

> *„Die aktive Beteiligung der zuständigen Interessenvertretung ist ein nützliches Element des betrieblichen Eingliederungsmanagements. Sie ist geeignet, das nötige Vertrauen zu wecken, ohne dessen Eigeninitiative das Konzept zum Scheitern verurteilt ist. Sie kann wesentlich dazu beitragen, dass die Gestaltungsmöglichkeiten des Arbeitgebers zur Erhaltung des Arbeitsplatzes und zur Vermeidung von Arbeitslosigkeit genutzt werden." (BVerwG 23.6.2010 – 6 P8.09).*

Praxistipp

Damit der Betriebsrat ordnungsgemäß am BEM mitwirken kann, benötigt er entsprechende Grundlagen, die er in (Aufbau-)Schulungen erwerben kann und sollte. Das LAG Berlin-Brandenburg bestätigte zuletzt den Schulungsanspruch des Betriebsrats zum BEM, insbesondere dann, wenn in einem Betrieb handhabbare und orientierende Betriebsvereinbarungen fehlen (LAG Bln-Bbg 16.1.2020 – 26 TaBV 865/19).

38. Welche Rechte hat der Betriebsrat im BEM?

Zunächst steht dem Betriebsrat ein Initiativrecht zu. Er kann vom Arbeitgeber die Einleitung eines BEM-Verfahrens verlangen. Das Initiativrecht ist in § 167 Abs. 2 S. 6 SGB IX geregelt. Dort heißt es, dass die Interessenvertretung – bei schwerbehinderten Menschen außerdem die Schwerbehindertenvertretung – Klärung verlangen kann. Klärung meint in diesem Zusammenhang, herauszufinden, wie die Arbeitsunfähigkeit überwunden und der Arbeitsplatz erhalten werden kann. Neben den allgemeinen Überwachungspflichten und -rechten nach § 80 BetrVG steht dem Betriebsrat nach § 167 Abs. 2 S. 7 SGB IX auch das Recht zu, die Arbeitgeberverpflichtungen im Zusammenhang mit dem BEM zu überwachen. Über die zwingenden Mitbestimmungsrechte nach § 87 Abs. 1 Nr. 1, Nr. 6 und Nr. 7 BetrVG kann der Betriebsrat außerdem Einfluss auf Inhalt und Ablauf des BEM-Verfahrens nehmen. § 87 Abs. 1 Nr. 1 BetrVG kann greifen, wenn es sich um allgemeine Verfahrensfragen handelt, die das Ordnungsverhalten im Betrieb betreffen. § 87 Abs. 1 Nr. 6 BetrVG findet Anwendung, wenn es um die Verarbeitung von

Gesundheitsdaten geht, und § 87 Abs. 1 Nr. 7 BetrVG, wenn die Ausgestaltung des Gesundheitsschutzes betroffen ist. Es gibt also kein zwingendes Mitbestimmungsrecht, das sich auf den ganzen BEM-Prozess bezieht, jedoch muss für die einzelnen Bestandteile des BEM-Verfahrens das Vorliegen von zwingenden Mitbestimmungstatbeständen geprüft werden. Der Betriebsrat sollte diese Mitbestimmungsrechte auch frühzeitig eigeninitiativ einfordern, da § 87 BetrVG ein Initiativrecht des Betriebsrats vorsieht.

Zudem kann der Betriebsrat auch über seine Mitwirkungsrechte bezüglich Versetzungen, Qualifizierung und Umstrukturierung auf den BEM-Prozess Einfluss nehmen.

Praxistipp

Auch wenn die erzwingbare Mitbestimmung des Betriebsrats stark eingeschränkt ist, kann dieser mit dem Arbeitgeber freiwillige Betriebsvereinbarungen treffen. Nur wenn der Arbeitgeber dem Betriebsrat die Mitbestimmung abspricht, ist eine Klärung vor dem Arbeitsgericht notwendig.

→ *Muster 2: Betriebsvereinbarung „BEM“*

39. Was ist Inhalt des Initiativrechts?

Der Betriebsrat ist nicht darauf beschränkt, zu warten, bis der Arbeitgeber ein BEM einleitet. Vielmehr steht dem Betriebsrat nach § 167 Abs. 2 S. 6 SGB IX eine am jeweiligen Fall orientierte Handlungsmöglichkeit zu. Der Betriebsrat kann also darauf hinwirken, dass in einem bestimmten Fall ein BEM durchzuführen ist, da die Durchführung eines BEM bei Vorliegen der Voraussetzungen zwingend erforderlich ist.

Das Initiativrecht nach § 87 BetrVG bedeutet auch, dass der Betriebsrat nicht abwarten muss, bis der Arbeitgeber eine Betriebsvereinbarung zum BEM vorschlägt. Der Betriebsrat kann und sollte eigeninitiativ tätig werden und eine Regelung anstoßen.

Der Mitarbeiter selbst hat kein Initiativrecht, deshalb ist es besonders wichtig, dass der Betriebsrat nach Rücksprache mit dem Mitarbeiter sein Initiativrecht ausübt, wenn der Mitarbeiter dies wünscht.

→ *Muster 2: Betriebsvereinbarung „BEM“*

40. Was kann der Betriebsrat vom Arbeitgeber verlangen?

Der Betriebsrat kann nach § 80 Abs. 1 Nr. 1 BetrVG verlangen, dass der Arbeitgeber ihm diejenigen Beschäftigten benennt, die die BEM-Voraussetzungen erfüllen, also mehr als sechs Wochen krank waren. Nur dann kann der Betriebsrat seinen Überwachungsaufgaben nachkommen, die ihm der Gesetzgeber auferlegt hat. Die Basisdaten zu Arbeitsunfähigkeitszeiten der Beschäftigten müssen dem Betriebsrat bzw. der Schwerbehindertenvertretung grundsätzlich zur Verfügung gestellt werden. Ein Einverständnis des betroffenen Arbeitnehmers ist dafür nicht erforderlich (BAG 7.2.2012 – 1 ABR 46/10). Das BAG hat entschieden (BAG 9.4.2019 – 1 ABR 51/17), dass bei der Weitergabe von Daten an den Betriebsrat durch den Arbeitgeber die Anforderungen des Datenschutzes beachtet werden müssen. Sind also Gegenstand der Auskunft sensible Daten, wie zum Beispiel Gesundheitsdaten, gelten strenge Voraussetzungen: Die Weitergabe der Daten an den Betriebsrat müsse erforderlich zur Erfüllung von Rechten und Pflichten aus dem BetrVG sein und es dürfen die schutzwürdigen Interessen des betroffenen Arbeitnehmers nicht überwiegen. Für den Betriebsrat als Empfänger der Daten bedeutet das: Es müssen Schutzmaßnahmen eingeleitet werden, um die sensiblen Daten zu schützen. Wie diese Schutzmaßnahmen aussehen, muss im Einzelfall erarbeitet werden und kann beispielsweise vom Passwortschutz bis hin zu einem passenden Löschkonzept reichen.

41. Kann der Arbeitgeber die Herausgabe der Daten verweigern?

Nein, auch nicht unter Verweis auf datenschutzrechtliche Vorschriften, da ansonsten der Informationsanspruch und die Überwachungspflicht des Betriebsrats nach § 80 Abs. 1 Nr. 1 BetrVG unterlaufen werden würden. Dies gilt umso mehr, als dass nach § 167 Abs. 2 S. 1 SGB IX dem Betriebsrat nochmals ausdrücklich der Auftrag erteilt wurde, die Einhaltung der Vorschriften zum BEM zu überwachen. Deshalb ist es auch bei fehlender Einwilligung der betroffenen Arbeitnehmer nach datenschutzrechtlichen Vorschriften zulässig, dass der Arbeitgeber Daten über krankheitsbedingte Fehlzeiten erhebt und sie an den Betriebsrat übermittelt (BAG 7.2.2012 – 1 ABR 46/10). Dies hat sich im Ergebnis auch nicht durch die seit 25.5.2018 geltende DS-GVO geändert.

Das BAG hat mit seiner Entscheidung (BAG 7.2.2012 – 1 ABR 46/10) auch klargestellt, dass der Arbeitgeber nicht befugt ist, sich gegenüber dem Überwachungsrecht des Betriebsrats auf vermeintlich entgegenstehende Grundrechte von Arbeitnehmern zu berufen.

42. Welche Unterlagen kann der Betriebsrat vom Arbeitgeber verlangen?

Der Betriebsrat hat einen Anspruch darauf, dass ihm jedes einzelne Informationsschreiben an den betroffenen Arbeitnehmer zur Kenntnis überlassen wird. Nur so kann er umfassend prüfen, ob der jeweils betroffene Arbeitnehmer überhaupt informiert wurde bzw. ob er vollständig gem. § 167 Abs. 2 S. 1 SGB IX informiert wurde. Erhält der Betriebsrat alle Schreiben, die an den Arbeitnehmer gegangen sind, kann er nachvollziehen, ob die Ziele des BEM ordnungsgemäß erläutert wurden. Vor allem kann er auf diese Weise Art und Umfang der für das BEM erhobenen und verwendeten Daten in Erfahrung bringen. So kann er prüfen, ob die Daten vollständig und zutreffend sind und ob der Arbeitgeber in unzulässiger Weise weitere Daten zB aus Krankenrückkehrgesprächen und Ähnlichem herangezogen hat. Er hat daher einen Anspruch darauf, dass ihm alle Informationsschreiben an die betroffenen Beschäftigten zugeleitet werden, mit denen im jeweiligen Einzelfall auf die Ziele des BEM sowie auf Art und Umfang der hierfür erhobenen und verwendeten Daten hingewiesen wird.

Praxistipp

Der Betriebsrat muss sich nicht damit zufriedengeben, dass ihm der Arbeitgeber eine Kopie des Musterschreibens überlässt und/oder eine Liste der angeschriebenen Mitarbeiter, die die Sechs-Wochen-Grenze überschritten haben, aushändigt. Der Anspruch bezieht sich auf jedes einzelne Informationsschreiben, das an einen Mitarbeiter gesandt wird (BVerwG 23.6.2010 – 6 P 8/09). Die weitere Übermittlung von Unterlagen und die Einbindung der Interessenvertretung in den weiteren BEM-Prozess bedürfen sodann grundsätzlich der Zustimmung des Betroffenen.

→ *Muster 1: Checkliste Erstanschreiben*

43. Kann der Betriebsrat erzwingen, dass er zu BEM-Gesprächen hinzugezogen wird?

Nein. Die Hinzuziehung des Betriebsrats zu BEM-Gesprächen zwischen Arbeitgeber und Arbeitnehmer darf nur mit vorheriger Einwilligung des Arbeitnehmers erfolgen (BAG 22.3.2016 – 1 ABR 14/14; BAG 11.12.2018 – 1 ABR 12/17). Allerdings dürfte dies im Umkehrschluss auch für die Führungskräfte des Arbeitnehmers gelten. Das BAG hat bereits im Jahr 2011 festgestellt, dass im BEM ohne die ausdrückliche Zustimmung des Betroffenen keine Stelle unterrichtet oder eingeschaltet werden darf (BAG 24.3.2011 – 2 AZR 170/10). Der Arbeitgeber hat aber auch dann nach wie vor das Überwachungsrecht des Betriebsrats zu beachten.

44. Kann der Betriebsrat auf das weitere BEM-Verfahren Einfluss nehmen?

Ja, sogar erzwingbar (BAG 22.3.2016 – 1 ABR 14/14)! Die zwingenden Mitbestimmungsrechte des Betriebsrats beruhen auf § 87 BetrVG. Bei der Ausgestaltung des BEM ist für jede einzelne Regelung zu prüfen, ob ein Mitbestimmungsrecht besteht. Ein solches kann sich aus § 87 Abs. 1 Nr. 1, 6 oder 7 BetrVG ergeben.

45. Hat der Betriebsrat ein Mitbestimmungsrecht bei Verfahrensfragen?

Ja, die Mitbestimmung des Betriebsrats gem. § 87 Abs. 1 Nr. 1 BetrVG umfasst Fragen der Ordnung und des Verhaltens im Betrieb. Während das „Ob“ der Durchführung eines BEM gesetzlich geregelt ist, fehlen gesetzliche Regelungen zu den Einzelheiten der Durchführung. Es verbleibt ein großer Regelungsspielraum für die Betriebsparteien zur näheren Bestimmung des „Wie“ eines BEM. Bei standardisierten BEM-Verfahren wird häufig das Verhalten der betroffenen Arbeitnehmer mitgeregelt. Damit ergibt sich ein großer Regelungsspielraum für den Betriebsrat.

Zum allgemeinen Verfahrensablauf gehören beispielsweise Fragen, wie die Information des einzelnen Beschäftigten über das BEM abläuft (→ *Frage 18: Worüber hat der Arbeitgeber den betroffenen Arbeitnehmer vor Beginn des BEM zu informieren?*), in welchem Zeitraum ein zweites BEM-Gespräch anzuberaumen ist (→ *Frage 17: Wann ist der Arbeitgeber verpflichtet, erneut ein BEM durchzuführen?*), unter welchen Voraussetzungen ein Betriebsratsmitglied zu den Gesprächen hinzugezogen wird (→ *Frage 19: Wann muss der Arbeitgeber den Betriebsrat hinzuziehen?*) und unter welchen Voraussetzungen eine Vertrauensperson des Arbeitnehmers hinzugezogen werden kann (→ *Frage 25: Kann der Betroffene eine weitere Vertrauensperson, zB einen Rechtsanwalt, zum BEM-Verfahren hinzuziehen?*). Auch fallen unter allgemeine Verfahrensabläufe ein abstrakter Maßnahmenkatalog für das BEM sowie allgemeine Regelungen zur Beendigung des BEM.

46. Hat der Betriebsrat Mitbestimmungsrechte im Rahmen des Gesundheitsschutzes?

Nach § 87 Abs. 1 Nr. 7 BetrVG hat der Betriebsrat darüber hinaus ein Mitbestimmungsrecht bei Regelungen über die Verhütung von Arbeitsunfällen und Berufskrankheiten sowie über den Gesundheitsschutz im Rahmen der gesetzlichen Vorschriften oder der Unfallverhütungsvorschriften. Der gesetzlich nicht näher definierte Begriff des Gesundheitsschutzes umfasst alle Maßnahmen, die der Erhaltung der körperlichen und seelischen Unversehrtheit des Arbeitnehmers gegenüber arbeitsbedingten Beeinträchtigungen dienen, die zu medizinisch feststellbaren Verletzungen oder Erkrankungen führen oder führen können. Das Mitbestimmungsrecht des Betriebsrats setzt dabei das Bestehen einer Gesetzesnorm voraus, die dem Arbeitgeber einen Rahmen vorgibt, aber Gestaltungsspielraum überlässt. Das BAG hat auch entschieden (BAG 22.3.2016 – 1 ABR 14/14), dass § 167 Abs. 2 S. 1 SGB IX (zum Zeitpunkt der Entscheidung noch § 84 Abs. 2 SGB IX) eine Rahmenvorschrift iSd § 87 Abs. 1 Nr. 7 BetrVG ist. Als Instrument des Gesundheitsschutzes fällt das betriebliche Eingliederungsmanagement daher in den Bereich der zwingenden betrieblichen Mitbestimmung des Betriebsrats aus § 87 Abs. 1 S. 1 Nr. 7 BetrVG.

47. Kann der Betriebsrat bei der elektronischen Auswertung von Zeiten der Arbeitsunfähigkeit mitbestimmen?

Ja, und zwar nach § 87 Abs. 1 Nr. 6 BetrVG. Eine elektronische Auswertung der Arbeitsunfähigkeitszeiten dürfte im Regelfall zu bejahen sein, da Personalakten weitgehend elektronisch geführt werden. Der Betriebsrat sollte in diesem Zusammenhang beispielsweise, ggf. auch mit Hilfe von Sachverständigen, klären, welches Programm der Arbeitgeber dafür verwendet, welche Daten durch das Programm gespeichert, verarbeitet und genutzt werden, wer Zugriffsrechte auf die Daten hat, wie die Gesundheitsdaten der Beschäftigten besonders geschützt werden, welche Schutzmaßnahmen für Zugriffe von außen bestehen oder wann die erhobenen Daten wieder gelöscht werden.

48. Was kann der Betriebsrat nicht erzwingen?

Das BAG hat auch entschieden, dass ein Arbeitgeber nicht verpflichtet werden kann, alle gegenwärtigen und zukünftigen Arbeitnehmer generell und allgemein über das BEM-Verfahren zu unterrichten (BAG 22.3.2016 – 1 ABR 14/14). Das Mitbestimmungsrecht des Betriebsrats ist auf diejenigen Beschäftigten begrenzt, die innerhalb eines Jahres länger als sechs Wochen ununterbrochen oder wiederholt arbeitsunfähig sind.

Darüber hinaus soll es nach der Rechtsprechung des BAG auch kein erzwingbares Mitbestimmungsrecht des Betriebsrats geben, dass die Aufgaben des BEM einem festen, auf Dauer gebildeten Gremium, also etwa einem Integrations- oder BEM-Team, übertragen werden. Nach § 167 Abs. 2 S. 1 SGB IX erfolge die Klärung von Möglichkeiten im Rahmen des BEM-Verfahrens durch den Arbeitgeber unter anderem mit dem Betriebsrat.

Das Mitbestimmungsrecht des Betriebsrats umfasst nach der Rechtsprechung des BAG auch nicht die abschließende Umsetzung konkreter im BEM-Verfahren beschlossener Maßnahmen. Dem Betriebsrat stehe nach § 87 Abs. 1 Nr. 1 BetrVG auch kein Mitbestimmungsrecht des Inhalts zu, bei einem ersten Informationsgespräch mit dem betroffenen Arbeitnehmer anwesend zu sein.

Praxistipp

Selbstverständlich ist es möglich, Regelungen, die nicht zwingend mitbestimmungspflichtig sind, in einer freiwilligen Betriebsvereinbarung niederzulegen. Deshalb ist es für den Betriebsrat empfehlenswert, durchaus auch Verhandlungspositionen ins Spiel zu bringen, die vielleicht gar nicht durchsetzbar sind, aber trotzdem für ein qualitativ hochwertiges BEM-Verfahren sorgen.

→ *Muster 2: Betriebsvereinbarung „BEM“*

49. Empfiehlt sich der Abschluss einer Betriebsvereinbarung?

Ja! Da zwingende Mitbestimmungsrechte des Betriebsrats bestehen, empfiehlt sich auf jeden Fall der Abschluss einer Betriebs- oder Dienstvereinbarung über die Einführung und die Durchführung eines BEM – trotz Einschränkungen, die sich aus der Rechtsprechung des BAG ergeben. Eine Regelung auf kollektivrechtlicher Ebene bietet die Chance, Transparenz zu schaffen, Vorurteile abzubauen und das Vertrauen der Beschäftigten in den BEM-Prozess zu stärken. Wird der Arbeitgeber nicht von sich aus tätig, kann der Betriebsrat dem Arbeitgeber auch einen eigenen Vorschlag einer abzuschließenden Vereinbarung unterbreiten und zu Verhandlungen auffordern. Dabei ist zu berücksichtigen, dass das BEM immer ein individuelles Verfahren ist, dessen Umsetzung sich an den Bedürfnissen des einzelnen Unternehmens oder des Betriebs zu orientieren hat.

Praxistipp

Wenn sich der Betriebsrat entschließt, tätig zu werden, sollte er unbedingt vor weiterem Tätigwerden und vor Herantreten an den Arbeitgeber einen ordnungsgemäßen Betriebsratsbeschluss fassen. Fehlt ein solcher, gibt es auch keine Grundlage für etwaige Handlungen des Betriebsrats.

→ *Muster 2: Betriebsvereinbarung „BEM“*

50. Was geschieht, wenn sich Betriebsrat und Arbeitgeber über eine Betriebsvereinbarung nicht einigen?

Kommt eine Einigung zwischen den Betriebsparteien nicht zustande, kann der Betriebsrat die Einigungsstelle anrufen, die sodann im Rahmen der erzwingbaren Mitbestimmung (→ *Frage 44: Kann der Betriebsrat auf das weitere BEM-Verfahren Einfluss nehmen?*) eine verbindliche Entscheidung trifft. Erst im Rahmen dieses Einigungsstellenverfahrens werden die Einschränkungen aus der Rechtsprechung des BAG eine Rolle spielen, wenn auch in der Einigungsstelle eine einvernehmliche Lösung nicht möglich ist und der Einigungsstellenvorsitzende einen Einigungsstellenspruch fällen muss. Dann nämlich kann der Einigungsstellenvorsitzende in seinem Einigungsstellenspruch nur das berücksichtigen, was der Betriebsrat erzwingen kann. Darüber hinaus ist der Betriebsrat in der Einigungsstelle auf eine einvernehmliche Lösung angewiesen.

Im Regelfall wird eine Einigungsstelle zum Thema BEM wohl mit zwei Beisitzern pro Seite besetzt werden. Anders verhält es sich jedoch, wenn weitere Regelungsgegenstände, zB das Thema Gefährdungsbeurteilung, mitverhandelt werden sollen. Dann kann der Betriebsrat durchaus auch drei Beisitzer durchsetzen (LAG Düsseldorf 7.4.2020 – 3 TaVB 1/20). Die Betriebsparteien können sich ohnehin einvernehmlich stets auf eine höhere Zahl von Beisitzern verständigen. Der Betriebsrat sollte daher mehr als zwei Beisitzer vorschlagen und verlangen.

51. Was kann in einer Betriebsvereinbarung zum BEM geregelt werden?

Da das BEM ein offener Suchprozess ist, der jeden denkbaren Spielraum eröffnet, sind vielfältige Regelungen in einer Betriebsvereinbarung zum BEM denkbar. Geregelt werden können zB folgende Punkte:

- gemeinsames Verständnis des BEM-Prozesses und gemeinsame Zielsetzung der Beteiligten,
- Ziele des BEM und Konkretisierung nach den betrieblichen Gegebenheiten,
- Geltungsbereich für alle Mitarbeiter, nicht nur für schwerbehinderte oder gleichgestellte Beschäftigte (auch wenn dies bereits gesetzlich so geregelt ist),
- Art und Weise der Einleitung des Verfahrens sowie Bestimmung möglicher Ansprechpartner für den Arbeitnehmer und Klärung von Verantwortlichkeiten,
- Beteiligung der betrieblichen Vertretungen,
- Mitwirkungspflichten und -rechte der Betroffenen,
- Erfassung von Arbeitsunfähigkeitszeiten sowie Auslösung des BEM-Prozesses,
- Festlegung des Klärungsprozesses,
- Dokumentation der Maßnahmen,
- Führung der BEM-Akte,
- Datenschutz,
- Beginn und Geltungsdauer der Betriebsvereinbarung usw.

Ein Entwurf des Betriebsrats, der als Grundlage für Verhandlungen mit dem Arbeitgeber dienen soll, sollte nicht nur „Mindestforderungen“ enthalten. Vielmehr sollte der Betriebsrat auch Forderungen formulieren, die möglicherweise nicht der erzwingbaren Mitbestimmung unterliegen, die jedoch trotzdem ein qualitativ hochwertiges BEM sicherstellen.

→ *Muster 2: Betriebsvereinbarung „BEM“*

52. Ist es ratsam, ein BEM-Team zu bilden?

Ein sog. „BEM-Team“ oder „Integrationsteam“ ist ein gemeinsamer Ausschuss, der aus Vertretern des Arbeitgebers, des Betriebsrats und ggf. der Schwerbehindertenvertretung besteht und der das BEM durchführt. Das BAG hat festgestellt (BAG 22.6.2016 – 1 ABR 14/14), dass ein solches Team, das in der betrieblichen Praxis öfters zu finden ist, nicht erzwungen werden kann. Grund dafür ist, dass alleine der Arbeitgeber verpflichtet ist, das BEM durchzuführen (und eben nicht ein BEM-Team). Der Betriebsrat ist als Gremium am BEM zu beteiligen. Es ist nicht ein einzelnes Betriebsratsmitglied als Teil eines BEM-Teams zu beteiligen. Es bleibt jedoch auf freiwilliger Basis über eine freiwillige Betriebsvereinbarung weiterhin möglich, ein solches BEM- oder Integrationsteam als Ausschuss iSd § 28 Abs. 2 BetrVG zu bilden. Da es sich bei Informationen im BEM-Verfahren um sehr sensible Daten der Mitarbeiter handelt, dürfte auch die Arbeitgeberseite dies als sinnvoll erachten. Die im BEM-Verfahren erörterten Themen müssen ansonsten immer im gesamten Gremium diskutiert werden, was damit zu Einbußen in der Qualität und zu mangelnder Akzeptanz des Verfahrens führen könnte. Gerade in größeren Betrieben, in denen eine Vielzahl von BEM-Verfahren durchzuführen ist, würde dies zu einem großen Zeit- und Organisationsaufwand des Betriebsratsgremiums führen, der möglicherweise auch die Handlungsfähigkeit des Betriebsrats beeinträchtigt. Außerdem müsste dann auch jedes einzelne Betriebsratsmitglied und nicht nur das für das BEM zuständige Betriebsratsmitglied zum BEM geschult werden.

53. Was unternimmt der Betriebsrat, wenn der Arbeitgeber ein BEM ohne ihn einführt?

Führt der Arbeitgeber ein systematisches BEM oder Teile davon ohne Beteiligung des Betriebsrats ein, hat der Betriebsrat einen Anspruch auf Unterlassung. Für die Umsetzung des Unterlassungsanspruchs gibt es zwei Möglichkeiten.

- Der Betriebsrat kann seinen Unterlassungsanspruch zum einen gem. § 23 Abs. 3 BetrVG geltend machen. Dies setzt voraus, dass dem Arbeitgeber ein grober Verstoß gegen seine Verpflichtungen aus dem BetrVG vorzuwerfen ist. Leichtere Verstöße können auch bei Wiederholungen zu einem groben Verstoß werden (BAG 16.7.1991 – 1 ABR 69/90).
- Zum anderen besteht aus der Verpflichtung des Arbeitgebers, Anordnungen ohne Zustimmung und unter Verletzung des Mitbestimmungsrechts des Betriebsrats zu unterlassen, ein allgemeiner Unterlassungsanspruch, den der Betriebsrat ggf. auch durch eine einstweilige Verfügung durchsetzen kann. Hierbei muss ein Verstoß des Arbeitgebers lediglich bevorstehen. Im Falle einer einstweiligen Verfügung muss zudem aber die besondere Voraussetzung des Verfügungsgrundes vorliegen. Beabsichtigt der Arbeitgeber eine Kündigung aus krankheitsbedingten Gründen gegenüber einem Beschäftigten, kann der Betriebsrat bei nicht durchgeführtem oder nicht ordnungsgemäßem BEM seine Bedenken gegen die Kündigung unter anderem darauf stützen, dass der Arbeitgeber seinen ihm obliegenden gesetzlichen Verpflichtungen nach § 167 Abs. 2 S. 1 SGB IX nicht nachgekommen ist, dh eben kein oder kein ordnungsgemäßes BEM durchgeführt hat.

54. Welches Gremium ist für die Umsetzung der Mitbestimmungsrechte im BEM zuständig?

Zuständigkeitsfragen stellen sich dann, wenn im Unternehmen des Arbeitgebers ein örtlicher Betriebsrat, ein Gesamtbetriebsrat und/oder ein Konzernbetriebsrat bestehen. Die Zuständigkeitsverteilung innerhalb der betriebsverfassungsrechtlichen Gremien regelt das BetrVG selbst. Die Ausübung der Mitbestimmungsrechte nach dem BetrVG steht danach grundsätzlich den von den Arbeitnehmern unmittelbar gewählten Betriebsräten zu. Diese haben die Interessen der Belegschaft wahrzunehmen (BAG 19.6.2012 – 1 ABR 19/11). Eine andere Beurteilung kann sich nur ergeben, wenn betriebs- oder unternehmensübergreifender Regelungsbedarf besteht. Ob dies der Fall ist, richtet sich nach den Umständen des Einzelfalls. Hierbei ist zu berücksichtigen, dass allein der Wunsch des Arbeitgebers nach einer unternehmenseinheitlichen oder betriebsübergreifenden Regelung, sein Kosten- oder Koordinierungsinteresse sowie seine Zweckmäßigkeitspunkte nicht genügen, um in Angelegenheiten der zwingenden Mitbestimmung die Zustimmung des Gesamtbetriebsrats oder Konzernbetriebsrats zu begründen. Für den Abschluss einer Betriebsvereinbarung zum BEM ist also grundsätzlich von der Zuständigkeit des örtlichen Betriebsrats auszugehen.

55. Was hat es mit der Inklusionsvereinbarung auf sich?

Die nach § 166 SGB IX zu schließende Inklusionsvereinbarung ist etwas anderes als eine Betriebsvereinbarung zum BEM. Eine Inklusionsvereinbarung nach § 166 SGB IX beinhaltet Regelungen zur Durchführung der betrieblichen Prävention und zur Gesundheitsförderung. Getroffen wird die Vereinbarung vom Arbeitgeber, dem Betriebsrat und der Schwerbehindertenvertretung. Der Geltungsbereich einer solchen Vereinbarung ist auf schwerbehinderte Menschen des Betriebs beschränkt. Nicht-Schwerbehinderte sind von der Inklusionsvereinbarung nicht betroffen, weshalb eine Inklusionsvereinbarung allein zum Schutze aller Arbeitnehmer bei Weitem nicht ausreicht.

56. Ist das BEM durchzuführen, wenn es keinen Betriebsrat gibt?

Ja. Das BAG hat festgestellt (BAG 30.9.2010 – 2 AZR 88/09), dass ein BEM auch dann durchzuführen ist, wenn im Betrieb keine betriebliche Interessenvertretung vorhanden ist. Soweit sie existiert, soll sie mithelfen, den BEM-Prozess optimal auszugestalten. Ihr Vorhandensein ist aber keine Voraussetzung für die Durchführung des BEM.

57. Unterliegen Krankenrückkehrgespräche der Mitbestimmung?

Ja, nach § 87 Abs. 1 Nr. 1 BetrVG besteht ein Mitbestimmungsrecht des Betriebsrats bei formalisierten Krankenrückkehrgesprächen durch den Arbeitgeber (BAG 8.11.1994 – 1 ABR 22/94; LAG München 13.2.2014 – 3 TaBV 84/13). Ohne Mitbestimmung des Betriebsrats darf der Arbeitgeber also keine Krankenrückkehrgespräche führen.

Praxistipp

Die Mitarbeiter sind in diesem Fall auch nicht verpflichtet, an einem Krankenrückkehrgespräch teilzunehmen.

58. Wie kann der Betriebsrat helfen, Ängste vor dem BEM abzubauen?

Ängste vor dem BEM können nur abgebaut werden, wenn die Beschäftigten Vertrauen entwickeln. Betriebsräte sollten daher regelmäßig darüber informieren, was ein BEM-Verfahren überhaupt ist, wie ein solches abläuft, was Ziel des BEM-Verfahrens ist, wer teilnimmt und welche Regelungen dazu im Gesetz und im Betrieb existieren. Der Betriebsrat sollte in diesem Zusammenhang darauf hinwirken, dass auch der Arbeitgeber vor und im BEM-Verfahren für Transparenz sorgt und das Vertrauen der Beschäftigten in den BEM-Prozess stärkt.

→ *Muster 3: Informationsmaterial für die Beschäftigten*

Praxistipp

Wenn man als Betriebsrat zu einem BEM-Gespräch hinzugezogen wird, bietet es sich an, bereits im Vorfeld das Gespräch mit dem betroffenen Arbeitnehmer zu suchen und seine Ziele mit ihm zu besprechen. Im Gespräch sollte darauf geachtet werden, dass der Arbeitnehmer nichts unterschreibt. Nichts ist so eilig und so wichtig, dass es sofort ohne Beratung unterschrieben werden muss. Verläuft das BEM-Gespräch anders als gedacht und gerät der Arbeitnehmer – entgegen der gesetzlichen Zielsetzung des BEM

– unter Druck oder in eine Rechtfertigungslage oder erhebt der Arbeitgeber andere Vorwürfe, muss und sollte der Arbeitnehmer keine Erklärung zu den erhobenen Vorwürfen abgeben. Er kann das Gespräch jederzeit und ggf. mit Unterstützung des Betriebsrats von sich aus abbrechen oder um eine Unterbrechung des Gesprächs bitten. Dem Arbeitnehmer ist auch zu empfehlen, sich Notizen von dem Gesprächsverlauf anzufertigen.

V. Der Datenschutz als Voraussetzung für das BEM

Ein wirksamer Datenschutz ist Grundvoraussetzung für das BEM. Der Schutz der Krankheitsdaten ist die Grundlage dafür, dass die Beschäftigten genügend Vertrauen entwickeln, damit überhaupt ein erfolgreiches BEM durchgeführt werden kann. Fragen zum Datenschutz ergeben sich bereits im Vorfeld vor Angebot des BEM wie auch im Laufe des gesamten Verfahrens und nach Abschluss des Verfahrens.

59. Wie ist der Datenschutz im Rahmen des BEM gewährleistet?

Das BEM-Verfahren unterfällt dem Geltungsbereich des allgemeinen Datenschutzes nach dem Bundesdatenschutzgesetz (BDSG) und der seit Mai 2018 in Kraft getretenen Datenschutz-Grundverordnung der EU (DS-GVO). Im Rahmen des BEM-Verfahrens werden individuelle Gesundheitsdaten offenbart. Aus datenschutzrechtlicher Sicht sind diese Daten personenbezogene Daten. Arbeitgeber müssen für das gesamte BEM-Verfahren sicherstellen, dass personenbezogene Daten nicht missbräuchlich verarbeitet werden.

Die im Zusammenhang mit dem BEM-Verfahren erhobenen personenbezogenen Daten unterliegen dabei nach § 167 Abs. 2 SGB IX auch einer strengen Zweckbindung. Es gilt dabei der Grundsatz der Datensparsamkeit: Es sollen nur so viele Daten erhoben werden, wie unbedingt erforderlich, um ein zielführendes, dem Zweck entsprechendes BEM durchführen zu können.

60. Müssen Krankheits- oder Behinderungsdaten im BEM offenbart werden?

Ein Arbeitnehmer ist nicht verpflichtet, medizinische Diagnosen im BEM-Verfahren preiszugeben. Im Regelfall wird dies auch nicht erforderlich sein, um das BEM-Verfahren erfolgreich durchführen zu können. Grundsätzlich ist dem Arbeitnehmer davon abzuraten, im BEM-Verfahren medizinische Diagnosen offenzulegen.

Allerdings sollen nach dem Wortlaut des § 167 Abs. 2 S. 1 SGB IX durch das BEM-Verfahren Möglichkeiten eruiert werden, wie die Arbeitsunfähigkeit möglichst überwunden werden und welche Leistungen oder Hilfen erneuter Arbeitsunfähigkeit vorbeugen und der Arbeitsplatz erhalten werden kann. Deshalb müssen letztendlich gesundheitsbedingte Einschränkungen (aber nicht die jeweiligen Diagnosen) mitgeteilt werden, wenn sie sich auf die Einsatzmöglichkeiten des einzelnen Arbeitnehmers auswirken. Um Maßnahmen im BEM-Verfahren planen zu können, müssen diese Einschränkungen bekannt sein, um darauf reagieren zu können. Sind diese nicht bekannt, wird es im Regelfall so sein, dass die Arbeitsunfähigkeit gerade nicht überwunden werden kann. Im BEM-Verfahren sollte also nur diskutiert werden, inwieweit sich die gesundheitlichen Einschränkungen – ohne Nennung einer Diagnose – auf die Tätigkeit auswirken und ob es hierfür mögliche betriebliche Ursachen gibt.

61. Wie erfolgt die Einwilligung der Beschäftigten in die Erhebung der Gesundheitsdaten?

Eine Nutzung personenbezogener Gesundheitsdaten ist nur mit ausdrücklicher Einwilligung der betroffenen Person möglich. Die Einwilligung, am BEM teilzunehmen, reicht dafür nicht aus. Personenbezogene Gesundheitsdaten dürfen deshalb nur erhoben werden, wenn die betroffene Person ausdrücklich ihre Einwilligung in die Erhebung erteilt hat. Nach § 26 Abs. 2 BDSG muss die Einwilligung freiwillig erfolgen, da die betroffene Person ein Selbstbestimmungsrecht über ihre Gesundheitsdaten hat. Zu berücksichtigen sind die im Beschäftigungsverhältnis bestehende Abhängigkeit der beschäftigten Personen sowie die Umstände, unter denen die Einwilligung erteilt worden ist. Nach § 26 Abs. 2 S. 3 BDSG bedarf die Einwilligung der

Schriftform. Die betroffenen Daten und der Verwendungszweck müssen benannt werden. Außerdem hat der Arbeitgeber die beschäftigte Person über ihr Widerrufsrecht und auch darüber aufzuklären, was geschieht, wenn die Einwilligung nicht abgegeben wird. Es empfiehlt sich, diesbezüglich ein transparentes Informationsschreiben an die Arbeitnehmer herauszugeben.

Praxistipp

Die datenschutzrechtliche Einwilligung ist grundsätzlich vor Beginn des BEM einzuholen. Ein nachträgliches Einverständnis genügt nicht. Der Betriebsrat sollte darauf achten, dass die datenschutzrechtliche Einwilligung gemeinsam mit der Zustimmung zum BEM übergeben wird, die Einwilligung in die Datenerhebung besonders hervorgehoben der betroffenen Person in Kopie ausgehändigt wird.

62. Was geschieht, wenn die betroffene Person die Einwilligung nicht erteilt?

Da das BEM die Frage klären soll, wie Arbeitsunfähigkeit möglichst überwunden und mit welchen Leistungen oder Hilfen erneuter Arbeitsunfähigkeit vorgebeugt und der Arbeitsplatz erhalten werden kann, wird es kaum möglich sein, dass keinerlei Gesundheits- und Behinderungsdaten erhoben werden. Ohne die Einwilligung in diese Datenerhebung und -verarbeitung ist ein BEM-Verfahren daher wohl nicht durchführbar.

63. Was geschieht, wenn die betroffene Person die Einwilligung widerruft?

Ab Widerruf der Einwilligung dürfen keine personenbezogenen Daten mehr verarbeitet werden. Bereits erhobene Daten müssen gelöscht werden. Aufbewahrt werden dürfen in diesem Fall nur noch die Daten, die zum Nachweis des ordnungsgemäßen BEM-Verfahrens in der Personalakte gespeichert sind. Sind Daten rechtmäßig an Dritte übermittelt worden, müssen auch diese Dritten über den Widerruf informiert werden. Die Betroffenen können jederzeit Auskunft über die Art und den Umfang der gespeicherten Daten verlangen und haben auch Anspruch darauf, dass ihre Daten gelöscht werden, wenn die Speicherung der personenbezogenen Daten nicht mehr zulässig ist.

64. Wie sind im Rahmen des BEM erhobene personenbezogene Daten aufzubewahren?

Das BAG hat entschieden (BAG 12.9.2006 – 9 AZR 271/06), dass einer ungeschützten Aufbewahrung von Gesundheitsdaten in der Personalakte das durch Art. 1 und 2 im Grundgesetz gewährleistete allgemeine Persönlichkeitsrecht des Arbeitnehmers entgegensteht. Das allgemeine Persönlichkeitsrecht schützt vor der Erhebung und Weitergabe von Befunden über den Gesundheitszustand, über die seelische Verfassung und den Charakter des Arbeitnehmers. Der Arbeitgeber ist deshalb verpflichtet, sensible Daten über den Arbeitnehmer in besonderer Weise aufzubewahren und sie gegen zufällige Kenntnisnahme zu schützen. Der informationsberechtigte Personenkreis ist zu beschränken. Dies bedeutet, dass medizinische Daten nicht in die Personalakte aufgenommen werden dürfen. Im Rahmen des BEM-Verfahrens erhobene Daten sind deshalb getrennt von der Personalakte in einer BEM-Akte aufzubewahren.

Praxistipp

Es ist daher zu empfehlen, für jedes BEM-Verfahren eine gesonderte BEM-Akte anzulegen, die getrennt von der Personalakte geführt und aufbewahrt wird. Damit der Betriebsrat auch kontrollieren kann, ob eine BEM-Akte tatsächlich angelegt wird, sollte die Verpflichtung des Arbeitgebers zum Anlegen einer BEM-Akte in einer Betriebsvereinbarung geregelt und festgelegt werden, dass die BEM-Akte auch der betrieblichen Interessenvertretung zugänglich ist.

→ *Muster 2: Betriebsvereinbarung „BEM“*

65. Welche Informationen aus dem BEM dürfen in der Personalakte enthalten sein?

In der Personalakte selbst dürfen nur Informationen darüber enthalten sein, dass ein BEM angeboten wurde und ob der Arbeitnehmer das Angebot auf Durchführung eines BEM-Verfahrens angenommen oder abgelehnt hat. In der Personalakte enthalten sein darf auch das Informationsschreiben an den Arbeitnehmer über das BEM und die Information darüber, dass ein BEM durchgeführt wurde, wenn sich der betroffene Arbeitnehmer mit dem BEM-Verfahren einverstanden erklärt hat bzw. keine Einverständniserklärung abgegeben hat. Außerdem darf in die Personalakte aufgenommen werden, welche konkreten Maßnahmen zur Überwindung bzw. Vorbeugung von Arbeitsunfähigkeit angeboten und umgesetzt wurden.

66. Wie lange wird die BEM-Akte aufbewahrt?

Die datenschutzrechtlichen Regelungen sehen vor, dass personenbezogene Daten zu löschen sind, sobald sie zur Erfüllung des Zwecks nicht mehr erforderlich sind. Im Rahmen eines BEM ist jeweils im Einzelfall zu bestimmen, wann dieser Zeitpunkt gekommen ist. Eine feste Frist gibt es dafür nicht. Die Daten sollten zumindest so lange zur Verfügung stehen, so lange das BEM noch andauert. Auch kann es sinnvoll sein, Unterlagen aufzubewahren, um das vereinbarte Ergebnis im Rahmen des BEM kontrollieren zu können. Sofern das BEM abgeschlossen ist, ist eine Grundlage für die weitere Aufbewahrung der personenbezogenen Daten grundsätzlich nicht ersichtlich, auch wenn teilweise vertreten wird, eine Aufbewahrung bis zu drei Jahren nach Ablauf des BEM wäre zulässig (Simitis/Seifert BDSG § 32 Rn. 67). In einer Betriebsvereinbarung können entsprechende Aufbewahrungsmodalitäten und -fristen geregelt werden.

Praxistipp

Die BEM-Akte sollte in einem verschlossenen Schrank mit eingeschränkten Zugangsrechten aufbewahrt werden. Es stärkt das Vertrauen der Arbeitnehmer, wenn die BEM-Akte nicht jedem Personalsachbearbeiter zugänglich ist; zudem erfordern datenschutzrechtliche Vorschriften eine Einschränkung der Zugangsrechte auf diejenigen Beteiligten, die das BEM-Verfahren führen. Der Betriebsrat hat also nur dann ein Zugriffsrecht auf die BEM-Akte, wenn er Beteiligter des BEM-Verfahrens ist, bzw. kann nur dasjenige BR-Mitglied auf die BEM-Akte zugreifen, das als Beteiligter des BEM-Verfahrens ausgewählt wurde.

→ *Muster 2: Betriebsvereinbarung „BEM"*

67. Sind die am BEM beteiligten Personen zur Verschwiegenheit verpflichtet?

Ja. Im Rahmen eines BEM-Verfahrens muss auch die Schweigepflicht der Beteiligten, insbesondere die betriebsärztliche Schweigepflicht, sofern ein Betriebsarzt mit eingebunden ist, beachtet werden. Alle am BEM-Verfahren Beteiligten unterliegen einer strengen Schweigepflicht, die sogar strafbewehrt ist. Die Weitergabe von personenbezogenen Daten, beispielsweise um die im BEM-Verfahren beschlossenen Maßnahmen umsetzen zu können, ist nur mit Einwilligung der oder des betroffenen Beschäftigten erlaubt. Halten sich die Beteiligten des BEM-Verfahrens nicht an die Verschwiegenheitsverpflichtung, winkt ein Bußgeld durch die Datenaufsichtsbehörde, das direkt gegenüber den Beteiligten geltend gemacht wird.

68. Was gilt, wenn die datenschutzrechtliche Einwilligung fehlt?

Fehlt die Einwilligung der betroffenen Person oder ist diese nicht rechtswirksam abgegeben worden, ist die Datenerhebung, -verarbeitung und -nutzung im Rahmen des BEM-Verfahrens unzulässig. Rechtswidrig erhobene Daten müssen gelöscht werden. Die unzulässige Datenerhebung, -verarbeitung und -nutzung kann eine Ordnungswidrigkeit darstellen, die bußgeldbewehrt ist. Zudem kommen für die betroffene Person Schadensersatzansprüche in Betracht, wenn personenbezogene Daten unzulässig erhoben und verarbeitet wurden, wenn zum Beispiel sensible Daten wie Krankheitsdiagnosen an die Betriebsöffentlichkeit weitergegeben werden.

Muster

Muster 1: Checkliste Erstanschreiben

In das Erstanschreiben sollte besonders viel Mühe und Sorgfalt investiert werden. Stellt es doch in den meisten Fällen den ersten direkten Kontakt mit dem BEM für den betroffenen Beschäftigten dar. Es setzt erste Maßstäbe dafür, ob eine vertrauensvolle Basis im BEM-Verfahren zwischen den Beteiligten gelingen kann. Da das Erstanschreiben ausschlaggebend dafür sein kann, ob der Beschäftigte sich mit der Durchführung des BEM einverstanden erklärt, sollte es den Beschäftigten über

- die gesetzlichen Grundlagen des BEM,
- die Ziele und den Umfang,
- den Datenschutz und
- die Freiwilligkeit

aufklären.

Im Einzelnen sollte das Erstanschreiben mindestens folgende Inhalte aufweisen:

- Mitteilung über das Vorliegen der Voraussetzungen, ein BEM durchzuführen
- gesetzliche Grundlagen (§ 167 Abs. 2 SGB IX) und Ziele des BEM
- Angebot auf Durchführung des BEM
- ggf. Hinweis auf beiliegendes Informationsschreiben
- Gesprächsangebot (Informationsgespräch, BEM-Gespräch)
- Hinweis, dass eine Vertrauensperson eigener Wahl mit hinzugezogen werden kann
- Erläuterung, wer das BEM durchführen wird und welche weiteren Stellen beteiligt werden können
- Hinweis auf Freiwilligkeit des BEM
- Datenschutzhinweise
- Ansprechpartner für Rückfragen
- Rückantwortformular

Muster 2: Betriebsvereinbarung „BEM"

Zwischen

A GmbH

– nachfolgend „Arbeitgeber" genannt –

und

Betriebsrat A GmbH

– nachfolgend „Betriebsrat" genannt –

wird nachstehende Betriebsvereinbarung[1] zum betrieblichen Eingliederungsmanagement nach § 167 Abs. 2 SGB IX abgeschlossen:[2]

Präambel

Es ist das gemeinsame Ziel der Betriebsparteien, im Betrieb A die Gesundheit der Mitarbeiter und Mitarbeiterinnen zu erhalten und zu fördern. Für alle Beschäftigten, gleich ob diese eine Behinderung haben oder häufiger krank sind, soll Chancengleichheit erreicht und Diskriminierung, Ungleichbehandlung sowie soziale Ausgrenzung verhindert werden.

Die Parteien sehen es als wichtige Aufgabe an, die Gesundheit der Beschäftigten durch ein betriebliches Gesamtkonzept zum Arbeits- und Gesundheitsschutz zu fördern. Im Rahmen dieses Gesamtkonzepts wird ein betriebliches Eingliederungsmanagement eingeführt.

Ziele des BEM sind:

- die Arbeitsunfähigkeit zu überwinden bzw. erneuter Arbeitsunfähigkeit vorzubeugen
- die Arbeitsfähigkeit zu erhalten, zu verbessern und wiederherzustellen
- den Arbeitsplatz von Krankheit und Behinderung betroffener Arbeitnehmerinnen und Arbeitnehmer zu erhalten
- die Arbeitszufriedenheit und Arbeitsmotivation zu steigern
- einen Beitrag zur Verwirklichung von Chancengleichheit zu leisten.

Bei allen Maßnahmen, die im Rahmen des BEM ergriffen werden, sind die Persönlichkeitsrechte der Mitarbeiter und Mitarbeiterinnen zu beachten. Der Datenschutz ist stets zu gewährleisten.

§ 1 Geltungsbereich

Diese Betriebsvereinbarung zum BEM gemäß § 167 Abs. 2 SGB IX gilt für alle Mitarbeiter und Mitarbeiterinnen, die im Betrieb A beschäftigt werden mit Ausnahme der leitenden Angestellten im Sinne des § 5 Abs. 3 BetrVG.

§ 2 BEM-Team[3]

(1) Zur Durchführung des BEM wird ein BEM-Team gebildet. Dieses setzt sich, soweit der betroffene Arbeitnehmer der Beteiligung des Betriebsrats und/oder der Schwerbehindertenvertretung nicht widersprochen hat, wie folgt zusammen:

- aus einer vom Arbeitgeber zu bestimmenden Person
- aus einem Betriebsratsmitglied
- aus der Schwerbehindertenvertretung, wenn das betriebliche Eingliederungsmanagement für einen schwerbehinderten Beschäftigten durchgeführt wird.

(2) Widerspricht der betroffene Arbeitnehmer einer Beteiligung des Betriebsrats und/oder Schwerbehindertenvertretung, reduziert sich die Mitgliederzahl des BEM-Teams auf die übrigen vorstehend benannten Vertreter.

(3) Das BEM-Team arbeitet im Rahmen seiner Aufgabenstellung weisungsfrei und hat insbesondere die Aufgabe, Vorschläge zu entwickeln,

- auf welche Weise die Arbeitsfähigkeit wiederhergestellt werden kann,
- auf welche Weise erneuter Arbeitsunfähigkeit vorgebeugt werden kann und
- welche Maßnahmen getroffen werden müssen, um die Weiterbeschäftigung des Arbeitnehmers zu ermöglichen und den Arbeitsplatz zu erhalten.

Die Beschlüsse und Entscheidungen im BEM-Team werden einstimmig getroffen (Konsensprinzip).

(4) Die Mitglieder des BEM-Teams dürfen in der Ausübung ihrer Aufgaben nicht behindert oder wegen ihrer Mitgliedschaft im BEM-Team nicht benachteiligt oder begünstigt werden; dies gilt auch für ihre berufliche Entwicklung. Die Mitglieder des BEM-Teams werden von ihrer beruflichen Tätigkeit ohne Minderung des Arbeitsentgelts befreit, wenn und soweit es zur Durchführung ihrer Aufgaben erforderlich ist. Die Mitglieder des BEM-Teams haben Anspruch darauf, unter Fortzahlung des Entgelts an Schulungen zum Thema BEM sowie der möglichen Maßnahmen teilzunehmen. Die Mitglieder des BEM-Teams sind zur Verschwiegenheit bezüglich der persönlichen Daten der Beschäftigten und insbesondere deren Gesundheitsdaten verpflichtet. Die Mitglieder des BEM-Teams unterzeichnen eine Verschwiegenheitserklärung. Die Personalabteilung stellt dem BEM-Team auf Verlangen eine gesamtbetriebliche Arbeitsunfähigkeitsstatistik und dazugehörige abteilungsbezogene Kennzahlen zur Verfügung. Fehlzeiten wegen Erkrankung von Kindern werden nicht mitgezählt. Der Arbeitgeber stellt dem BEM-Team seine Ergebnisse von Gefährdungsanalysen der Arbeitsplätze zur Verfügung, soweit vorhanden. Die durch die Tätigkeit des BEM-Teams entstehenden Kosten trägt der Arbeitgeber. Er stellt im erforderlichen Umfang Räume, sachliche Mittel, Informations- und Kommunikationstechnik für Sitzungen, Sprechstunden und die laufende Geschäftsführung zur Verfügung.

§ 3 Mögliche weitere Beteiligte am BEM-Verfahren

(1) Bei Bedarf und mit Zustimmung des Arbeitnehmers kann der Betriebsarzt für alle arbeitsmedizinischen Fragestellungen hinzugezogen werden.

(2) Soweit es um die Beurteilung arbeitssicherheitstechnischer Fragen geht, kann mit Zustimmung des Arbeitnehmers die Fachkraft für Arbeitssicherheit beteiligt werden. Kommen Leistungen zur Teilhabe oder begleitenden Hilfe im Arbeitsleben in Betracht, kann mit Zustimmung des Arbeitnehmers die örtliche gemeinsame Servicestelle oder, insbesondere bei schwerbehinderten Mitarbeitern und Mitarbeiterinnen, das Inklusionsamt hinzugezogen werden.[4]

(3) Der Arbeitnehmer hat das Recht, sich in sämtlichen Gesprächen von einer Person seiner Wahl begleiten zu lassen.

§ 4 Einleitung des Verfahrens

(1) Allen Beschäftigten, die innerhalb eines Jahres länger als sechs Wochen ununterbrochen oder wiederholt arbeitsunfähig sind und in einem Arbeits-, Ausbildungs- oder sonstigen Beschäftigungsverhältnis zum Unternehmen stehen, ist ein individuelles betriebliches Eingliederungsmanagement anzubieten. Fehlzeiten wegen der Erkrankung von Kindern werden nicht mitgezählt.

(2) Die Personalabteilung teilt den Mitgliedern des BEM-Teams jeweils zum Monatsbeginn mit, ob und ggf. welche Beschäftigten innerhalb der vorangegangenen 12 Monate länger als sechs Wochen ununterbrochen oder wiederholt arbeitsunfähig waren.

(3) Die Betroffenen werden vom BEM-Team unter ihrer Privatadresse angeschrieben und zu einem ersten Informationsgespräch eingeladen.[5] Die Personalabteilung wird vom BEM-Team über die Einleitung des BEM informiert. Liegt beim BEM-Team vom Beschäftigten einen Monat nach dem voraussichtlichen Eingang des Anschreibens beim Beschäftigten noch keine Zustimmung des Betroffenen zur Teilnahme an einem ersten Informationsgespräch vor, erhält der Beschäftigte vom BEM-Team ein Erinnerungsschreiben. Gibt es nach einem weiteren Monat keine Rückmeldung vom Betroffenen, wird der Fall vorerst abgeschlossen. Der Beschäftigte wird frühestens nach 12 Monaten erneut zu einem BEM eingeladen. Trotz Schweigens kann der Beschäftigte jederzeit noch am BEM teilnehmen. Nach entsprechender Mitteilung des Betroffenen nimmt das BEM-Team das Verfahren wieder auf.

(4) Teilt der Betroffene mit, dass er zunächst ein reines Informationsgespräch wünscht, vereinbart das BEM-Team mit dem Mitarbeiter einen Termin für ein solches. In dem Informationsgespräch ist dem Beschäftigten Folgendes zu erläutern:[6]

- Anlass, Ziele und Freiwilligkeit des BEM
- Ablauf und Struktur des Verfahrens
- Zustimmungserfordernis durch den Mitarbeiter zu allen einzelnen Prozessschritten und Maßnahmen
- Art und Umfang der erhobenen Daten und den in dieser Betriebsvereinbarung insoweit enthaltenen Verfahrensregelungen.

Die Beschäftigten können wählen, mit welchem Mitglied des BEM-Teams sie das Informationsgespräch führen wollen. Am Ende des Informationsgesprächs wird dem Beschäftigten die Einverständniserklärung zur Teilnahme am BEM vorgelegt. Der Beschäftigte hat 14 Tage Zeit, diese unterschrieben zurückzusenden. Erfolgt keine Rücksendung, wird kein BEM durchgeführt.

(5) Wenn der Beschäftigte kein Informationsgespräch gewünscht hat, ist zu Beginn des Erstgespräches auch der vorgesehene Inhalt des Informationsgesprächs zu erläutern. Im Erstgespräch steht außerdem die Frage im Mittelpunkt, ob arbeitgeberseitig Maßnahmen ergriffen werden können, die einen Beitrag dazu leisten können, dass die Arbeitsunfähigkeit möglichst überwunden wird oder mit Leistungen oder Hilfe erneuter Arbeitsunfähigkeit vorgebeugt wird.

(6) Es findet zunächst eine gemeinsame Situationsanalyse statt. Dabei wird ermittelt, ob es betriebliche (Mit-)Ursachen für die Arbeitsunfähigkeit gibt oder ob sich die Arbeitsunfähigkeit durch betriebliche Maßnahmen überwinden bzw. in Zukunft vorbeugen lässt. Grundlage für die Situationsanalyse ist der Arbeitsplatz des Mitarbeiters, die sich aus der Stellenbeschreibung ergebenden Anforderungen sowie die für den Arbeitsplatz des Mitarbeiters durchgeführte Gefährdungsbeurteilung nach dem Arbeitsschutzgesetz. Die Situationsanalyse beinhaltet im Einzelnen folgende Aspekte:

- eine Selbsteinschätzung des Mitarbeiters zu den Arbeitsbedingungen,
- das Anforderungsprofil des Arbeitsplatzes (zB aus Stellen- oder Funktionsbeschreibung, aus Arbeitsplatzanalysen usw)
- festgestellte Belastungen und Gefährdungen des Mitarbeiters am Arbeitsplatz; erforderlichenfalls oder auf Wunsch des Mitarbeiters eine Begehung des Arbeitsplatzes
- aktuelle gesundheitliche Beeinträchtigungen des Mitarbeiters, ggf. unter Berücksichtigung vom Mitarbeiter vorgelegter Atteste, berufliche Potenziale des Mitarbeiters unter Berücksichtigung seiner Qualifikation, berufliche Erfahrung und Kenntnisse sowie seine Leistungsfähigkeit.

(7) Vorhandene medizinische Diagnosen, Befunde oder persönliche Anamnesen dürfen nur mit ausdrücklicher schriftlicher Zustimmung des Mitarbeiters offengelegt und erörtert werden. Ohne Entbindung von der Schweigepflicht dürfen von Ärzten keine personenbezogenen Informationen in das BEM-Verfahren eingeführt werden.

(8) Die Beschäftigten sind zu befragen, ob es aus ihrer Sicht derartige Maßnahmen gibt, die einen Beitrag dazu leisten können, dass die Arbeitsunfähigkeit möglichst überwunden wird oder mit Leistungen oder Hilfen erneuter Arbeitsunfähigkeit vorgebeugt wird. Die Vorschläge der Betroffenen sind ebenso wie der Verlauf des Erstgesprächs zu protokollieren.

(9) Kommt das BEM-Team nach Durchführung des ersten Beratungsgespräches zu dem Ergebnis, dass es keinerlei Bedarf an Maßnahmen gibt, dann endet das BEM. Kommt das BEM-Team nach Durchführung des ersten Beratungsgespräches zu dem Ergebnis, dass die Durchführung eines BEM sinnvoll ist, so wird die weitere Vorgehensweise mit dem betroffenen Arbeitnehmer im Einzelnen abgestimmt. Es findet ein Maßnahmengespräch statt. Der betroffene Arbeitnehmer erhält das Protokoll des Erstgesprächs und möglicher weitere Gespräche. Hat er Einwände, zB, weil seine Vorschläge nicht vollständig dokumentiert wurden, kann er dies in Textform an das BEM-Team schicken.

§ 5 Festlegung und Durchführung der möglichen Maßnahmen

(1) In einem ergebnis- und verlaufsoffenen Suchprozess werden Möglichkeiten der Wiedereingliederung erörtert und ein individueller Maßnahmenplan vereinbart. Dies geschieht in einem Maßnahmengespräch mit dem Beschäftigten.

(2) Dazu können Maßnahmen aus einem breiten Spektrum unter Berücksichtigung der konzernweiten Regelungen zum Gesundheits- und Arbeitsschutz, einzeln oder kombiniert, festgelegt werden, insbesondere

- Arbeitsplatz- und Arbeitsablaufanalysen
- Prüfung von alternativen Beschäftigungsmöglichkeiten
- Belastungsabbau ggf. durch Erhöhung der Personalkapazität
- Arbeitsplatzanpassung und technische Hilfen
- Arbeitszeitgestaltung
- Änderung der Inhalte der Arbeit
- Maßnahmen der Qualifizierung und betrieblichen Weiterbildungsmaßnahmen
- Maßnahmen der Gesundheitsförderung sowie der medizinischen und beruflichen Rehabilitation
- Maßnahmen der stufenweisen Wiedereingliederung während bestehender Arbeitsunfähigkeit.

(3) Im Interesse zielführender, individuell auf den Mitarbeiter abgestimmter Maßnahmen, werden folgende Aspekte berücksichtigt:

- Art und Ausmaß der Einschränkung und der Arbeitsplatzgefährdung
- persönliche Ressourcen, Motivation und Wünsche der Mitarbeiter
- Mehrbelastung durch Kinderbetreuung, Pflege Angehöriger, eigene Pflegebedürftigkeit, eingeschränkte Mobilität, lange Anfahrtswege
- betriebliche Bedingungen und Ressourcen
- Qualität und Zugang zu Hilfen und Leistungen
- schrittweise Annäherung an die Eingliederung sichernde Maßnahmen
- mögliche finanzielle Förderung durch dritte Stellen (zB Inklusionsamt).

(4) Arbeitsplatzsichernde Maßnahmen sollen Vorrang haben, wie zB:

- Ausschöpfung aller Eingliederungsmöglichkeiten zum Verbleib beim bisherigen Arbeitsplatz
- Angebot eines vergleichbaren Arbeitsplatzes
- Versetzung auf einen den jeweiligen Fähigkeiten entsprechenden Arbeitsplatz ggf. mit Anpassungsqualifizierung
- Schaffung eines gesundheits- und fähigkeitsgerechten Arbeitsplatzes.

(5) Das BEM-Team informiert die Geschäftsführung des Arbeitgebers über die konkreten Maßnahmen und legt den entsprechenden BEM-Maßnahmenplan vor. Die darin benannten Maßnahmen werden nur dann durchgeführt, wenn die Geschäftsführung zustimmt.

(6) Das BEM-Team hat die Pflicht, die Einleitung und Durchführung der beschlossenen Maßnahmen zu kontrollieren und zu überwachen.

§ 6 Ende des BEM

(1) Im Rahmen eines Abschlussgesprächs wird durch das BEM-Team zusammen mit dem Arbeitnehmer überprüft und dokumentiert, ob die BEM-Maßnahmen erfolgreich waren oder nicht. Dabei soll das BEM-Team mit dem Arbeitnehmer abschließend klären, ob alle in Betracht kommenden Lösungsmöglichkeiten und BEM-Maßnahmen im BEM-Verfahren berücksichtigt worden sind oder ob es ggf. weitere Maßnahmen gibt. Über dieses Abschlussgespräch wird ein gemeinsames Protokoll erstellt, dem Arbeitgeber durch das BEM zugeleitet und in die BEM-Akte aufgenommen.

(2) Gibt es weitere Maßnahmen, sind diese nach Zustimmung der Geschäftsleitung durchzuführen. Das BEM wird fortgesetzt. Das BEM endet mit dem Abschlussgespräch, wenn Einigkeit herrscht, dass keine weiteren Maßnahmen möglich sind oder der Mitarbeiter d es wünscht bzw. er weiteren Maßnahmen nicht mehr zustimmt.

(3) Der Betriebsrat ist in jedem Falle über den Abschluss des BEM und im Fall seiner Beteiligung am Klärungsprozess auch über das Ergebnis des BEM zu unterrichten.

§ 7 Finanzierung der Maßnahmen

Die Finanzierung des Verfahrens und der Maßnahmen wird durch den Arbeitgeber sichergestellt. Er kann hierbei auch Fremdmittel anfordern.

§ 8 Datenschutz[7]

(1) Die Weitergabe von Daten, die im Rahmen des BEM gewonnen werden, ist auch innerhalb des BEM-Teams nur zulässig, nachdem der Arbeitnehmer die schriftliche Einwilligungserklärung abgegeben hat. Der Einwilligung hat eine Aufklärung über Art der weitergegebenen Daten sowie Sinn und Zweck der Datenweitergabe vorauszugehen.

(2) Wenn personenbezogene Daten an Dritte weitergegeben werden müssen, hat das BEM-Team den Arbeitnehmer darüber aufzuklären und seine schriftliche Einwilligung einzuholen. Die im Rahmen des BEM erhobenen und verwendeten Daten und Unterlagen müssen in voneinander und von der Personalakte getrennten Fall-Akten aufbewahrt werden.

(3) Es gilt der Grundsatz der Datensparsamkeit. Es sind nur solche Daten zu erheben und zu speichern, die für die Durchführung des BEM notwendig sind.

(4) Die BEM-Akte wird wie die Personalakte in verschlossenen Schränken aufbewahrt. Zugang zu den Daten haben nur die Mitglieder des BEM-Teams. Der Beschäftigte hat ein Recht zur Einsicht und einen Anspruch auf Kopie. Die im Rahmen des BEM erhobenen Daten und Erkenntnisse dürfen nur zum Zweck der Durchführung des BEM verwendet werden. Aufgrund der im Rahmen des BEM erhobenen und ausgewerteten Daten und Erkenntnisse dürfen keine Kündigungen oder Abmahnungen ausgesprochen oder sonstige disziplinarische Maßnahmen ergriffen werden. Eine auf diese Daten gestützte Abmahnung oder Kündigung ist unwirksam.

(5) Nach Abschluss des BEM wird dem Betroffenen seine BEM-Akte ausgehändigt. Das BEM-Team behält in seinen Akten lediglich ein Abschlussprotokoll, das Beginn und Ende des BEM sowie die ggf. durchgeführten Maßnahmen enthält. Die Aushändigung der Akte wird in der Personalakte vermerkt.

§ 9 Geltungsdauer und Schlussbestimmungen

(1) Diese Betriebsvereinbarung tritt mit ihrer Unterzeichnung in Kraft.

(2) Sollte diese Betriebsvereinbarung gekündigt werden, so werden unverzüglich Verhandlungen mit dem Ziel, eine neue Betriebsvereinbarung abzuschließen, aufgenommen.

(3) Diese Betriebsvereinbarung behält ihre Gültigkeit bis zum Abschluss einer neuen Betriebsvereinbarung, die diese ersetzt.

(4) Sollte eine Bestimmung dieser Betriebsvereinbarung unwirksam sein oder werden, so wird hierdurch die Wirksamkeit der übrigen Regelungen nicht berührt. Die Parteien verpflichten sich für diesen Fall, eine wirksame Regelung zu treffen, die dem gewünschten Zweck der unwirksamen Regelung im Ergebnis möglichst gleich kommt. Im Fall von Regelungslücken gilt diejenige Bestimmung als vereinbart, die dem entspricht, was nach Sinn und Zweck dieser Betriebsvereinbarung, entsprechend der Präambel, vernünftigerweise vereinbart worden wäre, hätte man die Angelegenheit von vornherein bedacht.

(5) Bei Streitigkeiten über den Inhalt und die Auslegung dieser Betriebsvereinbarung entscheidet die Einigungsstelle gemäß § 76 Abs. 5 BetrVG.

(6) Anlagen sind Bestandteil dieser Betriebsvereinbarung.[8]

……

Ort, Datum

Unterschriften Geschäftsführung und Betriebsratsvorsitzende/r

Anmerkungen

1 Dieser Entwurf einer Betriebsvereinbarung beinhaltet Elemente, die über den Spruch einer Einigungsstelle nach der Rechtsprechung des BAG vom 22.3.2016 – 1 ABR 14/14 nicht erzwingbar wären (zB die Bildung eines BEM-Teams). Verhandlungstaktisch und im Sinne eines qualitativ hochwertigen BEM-Verfahrens kann es jedoch empfehlenswert sein, diese Forderungen trotzdem zu stellen. Dem Betriebsrat ist zu empfehlen, sich dazu über § 80 Abs. 3 BetrVG anwaltlich beraten zu lassen.

2 Der Text dieser Vereinbarung erhebt keinen Anspruch auf Vollständigkeit. Bei Mustertexten ist stets zu empfehlen, diese auf die betrieblichen Gegebenheiten anzupassen.

3 Die Durchführung des BEM durch ein BEM-Team ist juristisch nicht erzwingbar, jedoch sinnvoll. Ein festes BEM-Team stärkt das Vertrauen der Beschäftigten in den Prozess und führt dazu, dass sich das BEM-Team in der Regel auch vertieft mit dem BEM-Prozess auseinandersetzen und diesen weiterentwickeln kann.

4 Weitere Beteiligte am BEM sind ebenfalls denkbar, zB behandelnde Ärzte, das Integrationsamt, der Integrationsfachdienst oder die Berufsgenossenschaft – jedoch immer nur mit Zustimmung des betroffenen Beschäftigten, denn er soll Herr des Verfahrens bleiben.

5 Meistens erfolgt die erste Kontaktaufnahme mit dem Beschäftigten schriftlich. In diesem Zuge sollte das BEM angeboten werden und Informationen über Ablauf und Struktur des BEM geliefert werden. Das Musteranschreiben zur Betriebsvereinbarung und das allgemeine Informationsblatt zum BEM sowie ein Rückantwortschreiben sollten der Betriebsvereinbarung beigefügt werden.

6 Ziel des Informationsgespräches ist es, Vertrauen in den BEM-Prozess zu stärken und die Möglichkeit zu eröffnen, ergänzende Fragen zu stellen.

7 Im BEM-Verfahren werden eine Menge sensibler Daten, insbesondere Gesundheitsdaten, erhoben. Es ist darauf zu achten, dass diese Daten insbesondere nicht zu einer Leistungs- und Verhaltenskontrolle herangezogen werden dürfen.

8 Als Anlage der Betriebsvereinbarung beigefügt werden sollten ein Musteranschreiben, ein allgemeines Informationsblatt zum BEM sowie ein Rückantwortschreiben. Es sollte sehr viel Sorgfalt darauf verwendet werden, vor allem den Erstkontakt zum Beschäftigten behutsam und transparent zu gestalten, damit sich die Beschäftigten auf das BEM einlassen können und das BEM erfolgreich durchgeführt werden kann.

Muster 3: Informationsmaterial für die Beschäftigten

BEM-Mitarbeiterinformation[1]

Worum geht es beim BEM?

Das BEM (Betriebliches Eingliederungsmanagement) findet seine Grundlage im Gesetz. In § 167 Abs. 2 S. 1 SGB IX heißt es:

„Sind Beschäftigte innerhalb eines Jahres länger als sechs Wochen ununterbrochen oder wiederholt arbeitsunfähig, klärt der Arbeitgeber mit der zuständigen Interessenvertretung im Sinne des § 176, bei schwerbehinderten Menschen außerdem mit der Schwerbehindertenvertretung, mit Zustimmung und Beteiligung der betroffenen Person die Möglichkeiten, wie die Arbeitsunfähigkeit möglichst überwunden werden und mit welchen Leistungen oder Hilfen erneuter Arbeitsunfähigkeit vorgebeugt werden und der Arbeitsplatz erhalten werden kann (betriebliches Eingliederungsmanagement)."

Es geht also darum, gesundheitlichen Beeinträchtigungen am Arbeitsplatz entgegenzuwirken und die Arbeitsfähigkeit wieder herzustellen, also gesund zu werden. Anspruch auf ein BEM haben alle Mitarbeiter, die innerhalb von zwölf Monaten länger als sechs Wochen arbeitsunfähig erkrankt sind.

Wie läuft das BEM ab?

Der Ablauf des BEM wurde in unserem Betrieb durch eine Betriebsvereinbarung festgelegt, da das Gesetz zum Ablauf des BEM keine Vorgaben macht. Wir möchten in einem gemeinsamen Gespräch, das das BEM-Team führt, mit Ihnen erörtern, wie wir Sie auf Ihrem Weg zur Wiedergenesung unterstützen können und ob und was wir betrieblich verändern können, damit Sie wieder gesund werden. Wir möchten auch überlegen, ob es Möglichkeiten gibt, erneuter Arbeitsunfähigkeit vorzubeugen und Ihre Gesundheit dauerhaft zu erhalten.

Die Durchführung des BEM ist freiwillig und aus der Ablehnung des BEM entstehen keine unmittelbaren Konsequenzen, insbesondere wird wegen der Ablehnung des BEM keine Kündigung ausgesprochen. Allerdings können Sie sich bei möglichen arbeitsrechtlichen Auseinandersetzungen nicht darauf berufen, dass kein BEM durchgeführt wurde. Weitere Informationen zum Ablauf des BEM können Sie der Betriebsvereinbarung entnehmen, die Sie gerne beim Arbeitgeber anfordern können *(alternativ: die dieser Information als Anlage beiliegt)*.

Wer führt das BEM durch?

In unserem Betrieb wird das BEM durch das BEM-Team durchgeführt. Grundsätzlich besteht das BEM-Team aus einem Vertreter des Arbeitgebers und einem Betriebsratsmitglied sowie bei schwerbehinderten oder gleichgestellten Beschäftigten der Schwerbehindertenvertretung. Sie können auch gerne eine Person Ihres Vertrauens hinzuziehen. Denkbar ist es, mit Ihrer Zustimmung auch weitere Personen und Beteiligte hinzuzuziehen, wie den Betriebsarzt, Ihre behandelnden Ärzte, das Integrationsamt oder den Gleichstellungsbeauftragten.

Welche Vorteile hat das BEM?

Das BEM kann dazu beitragen, wieder gesund zu werden. Beschäftigte verbringen viel Lebenszeit an ihrem Arbeitsplatz, sodass durch gesundheitsfördernde und -erhaltende Maßnahmen der Arbeitsplatz dauerhaft gesichert werden kann.

Muss ich Diagnosen nennen?

Nein, Sie als Beschäftigter müssen nur so viele Angaben machen, wie erforderlich sind, um gezielt betriebliche Maßnahmen treffen zu können, die erforderlich sind, um Ihre Arbeitsunfähigkeit zu überwinden und Ihre Arbeitsfähigkeit zu erhalten.

Wie wird der Datenschutz sichergestellt?

Für uns ist es äußerst wichtig, Ihre Gesundheitsdaten zu schützen. Angaben zu Diagnosen und dem Grund Ihrer Arbeitsunfähigkeit müssen Sie nicht machen. Wir wollen nicht herausfinden, an welcher Krankheit Sie leiden, sondern wie wir Sie unterstützen können, Ihre Arbeitsunfähigkeit zu überwinden und Ihre Gesundheit zu erhalten.

Sie sind „Herr" des BEM-Verfahrens. Es geschieht nichts ohne Ihre Zustimmung, die Sie grundsätzlich auch jederzeit widerrufen können. Ihre persönlichen Daten werden nicht in der Personalakte aufbewahrt, sondern in einer gesonderten BEM-Akte und nach einer Frist von ...... nach Abschluss des BEM gelöscht.

Was sind die nächsten Schritte?

Wenn Sie am BEM-Verfahren interessiert sind, bitten wir darum, das beiliegende Rückantwortschreiben auszufüllen und an uns zurückzuschicken. Gerne können Sie sich für Rückfragen an die Ansprechpartner für das BEM wenden, die folgendermaßen zu erreichen sind: ......

Anmerkungen

[1] Dieses Muster erhebt keinen Anspruch auf Vollständigkeit und muss an die betrieblichen Gegebenheiten angepasst werden. Die einzelnen Antworten sind lediglich Vorschläge, wie ein solches Informationsblatt aussehen könnte.

Muster 4: Einladungsschreiben zur Teilnahme am BEM

Sehr geehrte/r Frau/Herr ......,[1]

Ihre Gesundheit und Ihr Wohlbefinden liegen uns sehr am Herzen. Wir möchten daher alles dafür tun, dass Sie bald wieder gesund werden und wünschen Ihnen auf diesem Wege zunächst einmal gute Besserung und baldige Genesung.

Wir haben festgestellt, dass Sie in den letzten 12 Monaten länger als sechs Wochen ununterbrochen bzw. wiederholt arbeitsunfähig erkrankt waren. Wir wenden uns heute an Sie und möchten zusammen mit Ihnen klären, ob wir etwas tun können, um Ihre Arbeitsunfähigkeit zu überwinden bzw. mit welchen Leistungen oder Hilfen wir erneuter Arbeitsunfähigkeit vorbeugen können und Ihr Arbeitsplatz erhalten werden kann. Hierfür hat der Gesetzgeber das sogenannte Betriebliche Eingliederungsmanagement (kurz „BEM") vorgesehen, das in § 167 Abs. 2 SGB IX geregelt ist.

Zur Wahrnehmung eines ersten (Informations-)Gespräches stehen Ihnen folgende Ansprechpartner zur Verfügung:

......[2]

Wir weisen Sie darauf hin, dass Sie nicht verpflichtet sind, unser Angebot zur Durchführung eines betrieblichen Eingliederungsmanagements anzunehmen, und Sie ein BEM-Verfahren ohne Begründung ablehnen oder auch abbrechen können. Wir sind jedoch überzeugt davon, dass die Durchführung des BEM-Verfahrens dazu beiträgt, frühzeitig gesundheitlichen Beeinträchtigungen am Arbeitsplatz entgegenzuwirken und Sie darin zu unterstützen, schnellstmöglich wieder gesund zu werden.

Es ist uns ein Anliegen, dass Sie sowohl über die Ziele und den Ablauf des BEM-Verfahrens informiert sind, als auch über Art und Umfang der hierfür erhobenen und verwendeten Daten. Diese Informationen können Sie dem beiliegenden Merkblatt entnehmen.[3]

Wir bitten Sie, uns bis zum ...... mitzuteilen, ob Sie unser Angebot annehmen und ein erstes (Informations-)Gespräch mit uns führen möchten. Sodann werden wir zusammen einen Gesprächstermin vereinbaren.

Für eventuelle Rückfragen stehen wir Ihnen gerne zur Verfügung.

Mit freundlichen Grüßen

____

Unterschrift Arbeitgeber

Anmerkungen

1 Dieses Muster erhebt keinen Anspruch auf Vollständigkeit und muss an die betrieblichen Gegebenheiten angepasst werden. Das Muster ist lediglich ein Vorschlag, wie das Einladungsschreiben aussehen könnte.

2 Hier sollten Ansprechpartner für den Arbeitnehmer genannt werden. Dies kann entweder das Integrationsteam sein, wenn ein solches gebildet wurde, ein BEM-Beauftragter, sofern ein solcher benannt wurde, oder der Arbeitgeber selbst. Es sorgt für Sicherheit und Transparenz, wenn auch ein Betriebsratsmitglied als Ansprechpartner genannt wird.

3 Es empfiehlt sich, dem Einladungsschreiben die erforderlichen Informationen über das BEM-Verfahren in Form eines Merkblattes beizufügen (→ *Muster 3: Informationsmaterial für die Beschäftigten*). Dies trägt dazu bei, dass das Einladungsschreiben nicht zu unübersichtlich und lange wird. Alternativ dazu können die Informationen jedoch auch im Schreiben selbst erläutert werden.